서강
한국어

Table of Contents

 학생책

 별책 [문법 단어 참고서]

1과

앤디 씨 옆에 있는 분 아세요?

1과

문법 | (동사) -는 (the relative clause ending) p 18 p 6

가 그림을 보고 맞으면 O, 틀리면 X 하십시오.

1 아이스크림을 먹는 사람이 완 씨예요. (O)

2 우유를 마시는 사람이 앤디 씨예요. (X)

3 책을 읽는 사람이 히로미 씨예요. (O)

4 전화하는 사람이 투안 씨예요. (X)

나 알맞은 말을 쓰십시오.

-는

1 완 씨가 요리를 잘 해요.

→ <u>요리를 잘 하는</u> 사람이 완 씨예요.
　　요리를 잘 하다

2 투안 씨가 아침에 일찍 일어나요.

→ <u>아침에 일찍 일어나는</u> 사람이 투안 씨예요.
　　아침에 일찍 일어나다

3 파울로 씨가 식사 후에 과일을 먹어요.

→ <u>식사 후에 과일을 먹는</u> 사람이 파울로 씨예요.
　　식사 후에 과일을 먹다

4 제니 씨가 저녁에 항상 운동해요.

→ **저녁에 항상운동하는** 사람이 제니 씨예요.

저녁에 항상 운동하다

다 알맞은 말을 쓰십시오.

1 한국 친구가 있는 사람이 한국어를 빨리 배워요.

한국 친구가 있다

2 **학생 카드가 없는** 사람은 도서관에 들어갈 수 없어요.

학생 카드가 없다

3 A 주말에 뭐해요?

B **시간이 있는** 친구하고 같이 영화 보러 갈 거예요.

시간이 있다

★ 4 A **앤디씨가 사는** 하숙집이 어디에 있어요?

앤디 씨가 살다

B 신촌에 있어요.

★ 5 A 하숙집에서 **음식을 제일 잘 만드는** 사람이 누구예요?

음식을 제일 잘 만들다

B 완 씨예요.

라 알맞은 말을 쓰십시오.

1 커피를 마시지 않는 사람이 타쿠야 씨예요.

커피를 마시지 않다

2 **고기를 먹지 않는** 사람이 소라 씨예요.

고기를 먹지 않다

3 **텔레비전을 보지 않는** 사람이 제니 씨예요.

텔레비전을 보지 않다

4 아침에 **일찍 일어나지 않는** 사람이 완 씨예요.

일찍 일어나지 않다

마 '-는'을 써서 대화를 완성해 보십시오.

이리나 히로미 씨, 저기 저분 아세요?

히로미 누구요? 1 **음악을 듣는**   분이요?
　　　　　　　음악을 듣다

이리나 아니요, 제임스 씨 오른쪽에 2 **있는**   분이요.
　　　　　　　　　　　　　　　　　있다

히로미 아, 데니 씨예요. 왜요?

이리나 저분을 식당에서 자주 봐서요.

문법 | (동사) -은 (the relative clause ending) 📘 p 19 📗 p 6

가 알맞은 말을 고르십시오.

1 어제 구두를 샀어요. 이 구두가 어제 ~~산~~ | 사는 구두예요.

2 어제 친구하고 같이 저녁 식사했어요. 어제 먹은 | ~~먹는~~ 음식이 불고기예요.

3 작년 크리스마스에 제니 씨하고 영화를 봤어요. 그때 본 | ~~보는~~ 영화가
   재미있었어요.

4 친구한테서 선물을 받았어요. 이게 친구한테서 받은 | ~~받는~~ 생일 선물이에요.

나 알맞은 말을 쓰십시오.

1 어제 _____결석한_____ 사람이 없었어요.
   결석했다

2 여행 가서 **찍은** _____ 사진을 보여 주세요.
   찍었다

3 어젯밤에 **본** _____ 텔레비전 프로그램이 정말 재미있었어요.
   봤다

4 파티에 **가지 않은** _____ 사람이 제니 씨예요.
   가지 않았다

-ㄴ
-은

다 알맞은 말을 쓰십시오.

	현재 (present tense)	과거 (past tense)
	- 는	-ㄴ/-은
오다	오는	온
읽다	읽는	읽은
쓰다	쓰는	쓴
ⓒ 듣다	듣는	들은
ⓓ 놀다	~~놀는~~ 노는	~~놀은~~ 논

9

라 대답을 쓰십시오.

1 **A** 누가 어제 등산했어요?

B _어제 등산한_ 사람이 미나 씨예요.

2 **A** 누가 오늘 아침에 신문을 읽었어요?

B _아침에 신문 읽은_ 사람이 지훈 씨예요.

3 **A** 누가 어제 소라 씨한테 꽃을 줬어요?

B _꽃을 준_ 사람이 앤디 씨예요.

★ **4** **A** 누가 조금 전에 음악을 들었어요?

B _음악을 들은_ 사람이 타쿠야 씨예요.

마 **'-은'**을 써서 대화를 완성해 보십시오.

A 저기 조끼 **1** _앉은_ 분이

누구예요?

B 물을 마시는 분이요? 민수 씨예요.

지훈 씨 친구예요.

A 그럼, 저기 모자를 **2** _쓰는_

분은요?

B 파울로 씨예요.

A 어느 나라에서 **3** _온_

분이에요?

B 멕시코요.

A 그래요? 저분을 좀 소개해 주세요.

문법 | 입었어요 / 신었어요 / 썼어요

가 그림을 보고 알맞은 말을 골라서 쓰십시오.

입다 　　　 쓰다

1 한스 씨가 와이셔츠를 <u>입었어요</u> .　　**2** 지훈 씨가 안경을 <u>썼어요</u> .

나 알맞은 말을 쓰십시오.

1	옷	입다	입었어요.
2	신발	신다	신었어요
3	안경, 모자	쓰다 쓰다	썼어요 썼어요
4	목걸이, 스카프	하다	했어요
5	반지	끼다	꼈어요.

다 그림을 보고 질문을 만드십시오.

소라　　파울로　　제니　　미나

1 A 누가 ＿＿＿＿＿ 모자를 썼어요 ＿＿＿＿＿ ?

B 모자를 쓴 사람이 파울로 씨예요.

2 A 누가 운동화를 신었어요 ＿＿＿＿＿ ?

B 운동화를 신은 사람이 제니 씨예요.

3 A 누가 목걸이를 했어요 ＿＿＿＿＿ ?

B 목걸이를 한 사람이 미나 씨예요.

> **new** 목걸이 a necklace

라 그림을 보고 알맞은 말을 쓰십시오.

리엔　　파울로　　완　　이리나

1 A 누가 스카프를 했어요?

B ＿＿＿＿＿ 스카프를 한 사람이 리엔 씨예요 ＿＿＿＿＿ .

2 A 누가 팔찌를 꼈어요?

B 팔찌를 낀 사람이 완 씨예요 ＿＿＿＿＿ .

> **new** 팔찌 a bracelet

3 A 누가 하얀색 바지를 입었어요?

B 하얀색 바지를 입은 사람이 파울로 씨예요 ＿＿＿＿＿ .

단어

말하기 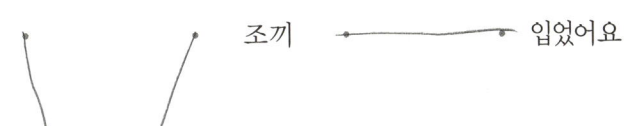 SB p 21~26

줄을 그으십시오.

1

2

3
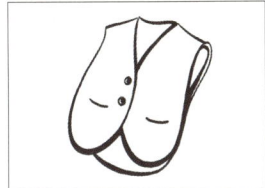

4

조끼 ●————● 입었어요

모자 ● ● 신었어요

스카프 ● ● 썼어요

운동화 ● ● 했어요

읽고 말하기  SB p 29

맞는 말을 고르십시오.

1 만화 영화가 아주 재미있었어요. 그래서 볼 때 많이 ⟨웃었어요⟩ | 심심했어요 .

2 내일 중국에 갈 거예요. 중국으로 가는 비행기가 9시에 ⟨떠나요⟩ | 도착해요 .
떠나다 → to leave
그래서 7시까지 공항에 가야 해요.

3 어제 ⟨문구점⟩에서 공책을 다섯 권 샀어요. 그 사이에 | ⟨중에서⟩ 한 권을 드릴게요.
stationery store

13

4 A 어제 파티가 어땠어요?

B 지난 번 파티보다 휠씬 | 제일 재미있었어요. 친구들이 많이 왔어요.

5 서울 시내 | 근처 에 대사관, 유명한 호텔, 백화점이 있어요.

embassy

듣고 말하기

SB p 178

맞는 말을 고르십시오.

1 책에 이름을 쓰지 않아서 제 책하고 소라 씨 책이 바뀌었어요 | 바꿨어요 .

2 소라 씨가 꽃을 좋아해서 꽃 무늬 | 나무 옷이 많아요.

3 한스 씨가 이따가 | 아까 사무실에 갔어요.

4 미나 씨는 엄마하고 얼굴이 똑같이 생겼어요 | 했어요 .

휠씬 -> by tone
-> way

발음

가 듣고 따라하십시오. (두 번) CD 2

1 똑 같이 생겼어요

2 나갔는데요

3 못 만나면

나 듣고 쓰십시오. (세 번) CD 3

1 제 가방이 한수 씨 가방하고 똑같이 생겼어요.

2 식당에서 못 만나면 어떻게 하지요?

써 보십시오.

식당에 모르는 사람들이 있습니다.

A 모자를 쓴 분이 누구예요?

B 파울로 씨예요. 멕시코에서 온 분이에요. 파울로 씨는 멕시코에서 태권도 선생님이에요.

파울로 씨는 춤도 잘 추고 노래도 잘 해서 인기가 많아요. 요즘은 학교 라틴 댄스 동아리에서

춤을 가르쳐 줘요.

A 파울로 씨하고 얘기하는 분이 누구예요?

B _____

_____

A 혼자 책을 읽는 분이 누구예요?

B _____

_____

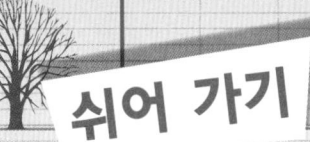

Which festivals are most interesting?

1 안동 Mask Festival (9월 말 ~ 10월 초) ⇨ http://www.maskdance.com

The 안동 Mask Festival is held every year in 안동. Traditional Korean mask dances are unscripted, with spectators joining in to share their feelings through the dances.

2 보령 Mud Festival (7월 중순) ⇨ http://www.mudfestival.or.kr

At 대천 beach, you can find the popular 보령 Mud Festival. You may watch or participate in a wide range of activities that include traditional Korean mud wrestling, mud skiing, mud bathing, and even a marathon.

3 춘천 International Mime Festival (5월 말 ~ 6월 초) ⇨ http://www.mimefestival.com

춘천 hosts the increasingly popular International Mime Festival, transcending both language and ethnicity, and is without a doubt the most famous festival in Korea.

4 부산 International Film Festival (10월 초) ⇨ http://www.piff.org

The 부산 International Film Festival features not only Korean and other Asian films, but unique and artistic films from all over the world.

> * There are many excellent festivals in 전주. Just type '전주' and '축제' into a search engine to see what is available.

지방 축제 중에서 특히 재미있는 축제를 알려 주세요

1 안동 탈춤 축제 (9월 말 ~ 10월 초) ⇨ http://www.maskdance.com

매년 안동에서 "안동 탈춤 축제"가 열립니다. 대본 없이 하는 안동 탈춤 공연은 춤추는 사람과 보는 사람이 하나가 되는 흥겨운 공연입니다. 또한 하회 탈춤 대회도 볼 수 있고, 전통 안동 음식 축제도 볼 수 있습니다.

2 보령 진흙 축제 (7월 중순) ⇨ http://www.mudfestival.or.kr

대천 바닷가에서 보령 진흙 축제가 열려요. 이곳에 가면 바닷가 진흙에서 하는 전통 한국 레슬링에서부터 진흙 스키, 진흙 목욕, 진흙 마라톤 등 여러 가지 행사를 볼 수도 있고, 직접 참가할 수도 있어요.

3 춘천 국제 마임 축제 (5월 말 ~ 6월 초) ⇨ http://www.mimefestival.com

춘천에서는 나라와 언어를 뛰어넘는 마임 축제가 열립니다. 세계 여러 나라에서 온 마임 공연도 볼 수 있고, 밤새 춤추며 신나게 놀 수 있습니다. 가장 잘 알려진 한국 축제입니다.

4 부산 국제 영화 축제 (10월 초) ⇨ http://www.piff.org

부산 국제 영화 축제에 가면 한국과 아시아 국가들 뿐만 아니라, 전 세계에서 온 예술 영화를 볼 수 있습니다. 영화를 실컷 볼 수 있을 뿐만 아니라 바닷가 경치도 즐길 수 있습니다.

* 전주에도 좋은 축제가 있어요. 인터넷 검색 엔진에 '전주'와 '축제'를 치고, 어떤 축제인지 알아보세요.

2과

어제 늦게까지 공부한 것 같아요

문법 | (형용사) -은 것 같다

📖 p 38   📗 p 7

가 알맞은 말을 고르십시오.

> ㉠ 기분이 좋은 것 같아요   ㉡ 기분이 나쁜 것 같아요

1 앤디 씨가 요즘 말을 하지 않아요. ㄴ

2 앤디 씨가 많이 웃고 농담도 잘 해요. ㄱ

맵다 → 매운
무겁다 → 무거운
멀다 → 먼.

> **new** 농담 a joke

나 알맞은 말을 쓰십시오.

> -ㄴ 것 같아요
>
> -은 것 같아요

1 이 가게가 저 가게보다 <u>싼</u> 것 같아요.
싸다

2 이 옷이 <u>작은</u> 것 같아요. 불편해요.
작다

⭐ **3** 저 음식이 <u>매운</u> 것 같아요. 앤디 씨가 못 먹어요.
맵다

⭐ **4** 저 가방이 <u>무거운</u> 것 같아요. 두 사람이 같이 들고 있어요.
무겁다

⭐ **5** 파울로 씨 집이 학교에서 <u>먼</u> 것 같아요. 파울로 씨가 매일 학교에 늦게 와요.
멀다

다 알맞은 말을 쓰십시오.

1 지훈 씨가 오늘 <u>기분이 좋지 않은</u> 것 같아요. 말을 하지 않아요.
기분이 좋지 않다

2 수잔 씨가 오늘 <u>바쁘지 않은</u> 것 같아요. 시간이 많다고 했어요.
바쁘지 않다

3 한스 씨가 시간이 <u>많지 않은</u> 것 같아요. 같이 운동할 수 없다고 했어요.
많지 않다

라 알맞은 말을 쓰십시오.

1 저 사람이 <u>학생인</u> 것 같아요. 책을 들고 있어요.
학생이다

2 저분이 한스 씨 <u>친구인</u> 것 같아요. 아까 한스 씨하고 같이 학교에 왔어요.
친구이다

3 저분이 <u>한국 사람이 아닌</u> 것 같아요. 한국어 사전을 가지고 있어요.
한국 사람이 아니다

마 알맞은 말을 골라서 쓰십시오.

1 A 제니 씨가 <u>기분이 좋은</u> 것 같아요.

B 네, 친구한테서 선물을 받았다고 했어요.

2 A 완 씨가 요즘 <u>걱정이 많은</u> 것 같아요. 잘 웃지 않아요.

B 네, 동생이 많이 아프다고 했어요.

3 A 한스 씨가 <u>바쁜</u> 것 같아요. 요즘 자주 결석해요.

B 네, 회사 일이 많다고 했어요.

✪ 4 A 밖에 날씨가 <u>추운</u> 것 같아요.

B 네, 사람들이 두꺼운 옷을 입었어요.

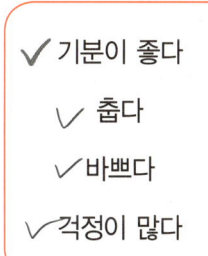

✔ 기분이 좋다
✔ 춥다
✔ 바쁘다
✔ 걱정이 많다

바 알맞은 말을 쓰십시오.

형용사	-ㄴ 것 같아요 / -은 것 같아요
피곤하다	피곤한 것 같아요
작다	작은 것 같아요
ㄹ 멀다	먼 것 같아요
ㅂ 춥다	추운 것 같아요
재미있다	재미있는 것 같아요
재미없다	재미없는 것 같아요

사 '-은 것 같다'를 써서 대화를 완성해 보십시오.

히로미 한스 씨, 타쿠야 씨가 아파요?

한스 글쎄요. 왜요?

히로미 얼굴이 안 좋아서요.

한스 제 생각에는 타쿠야 씨가 요즘 늦게까지 일을 해서 피곤한 것 같아요 .

제 생각에는
In my opinion ; I think...

문법 | (동사) -는 것 같다

가 줄을 그으십시오.

1

ㆍ ——————— ㆍ　ⓐ 책을 읽는 것 같아요.

2

ㆍ ——————— ㆍ　ⓑ 전화하는 것 같아요.

나 알맞은 말을 쓰십시오.

1 앤디 씨가 주말에 <u>아르바이트하는</u> 것 같아요. 주말에 항상 바빠요.
　　　　　　　　아르바이트하다

-는 것 같아요

2 수잔 씨가 보통 학교 친구들하고 점심을 <u>먹는</u> 것 같아요.
　　　　　　　　　　　　　　　　　　먹다

　수업 후에 항상 친구들하고 같이 나가요.

3 타쿠야 씨가 저녁마다 <u>걷는</u> 것 같아요. 매일 저녁 식사 후에 공원에 가요.
　　　　　　　　　　걷다

4 미나 씨가 전화를 안 받아요. 집에 <u>없는</u> 것 같아요.
　　　　　　　　　　　　　　　　　없다

5 옆방에 사람들이 <u>있는</u> 것 같아요. 소리가 들려요.
　　　　　　　　있다

⭐ 6 투안 씨가 저분을 <u>아는</u> 것 같아요. 아까 저분한테 인사했어요.
　　　　　　　　　알다

⭐ 7 파울로 씨가 혼자 <u>사는</u> 것 같아요. 집에 가면 심심하다고 했어요.
　　　　　　　　　살다

다 대답을 쓰십시오.

1 A 뭐 하는 것 같아요?

B <u>춤을 추는 것 같아요</u>.

2 A 뭐 하는 것 같아요?

B <u>사진을 찍는 것 같아요</u>.

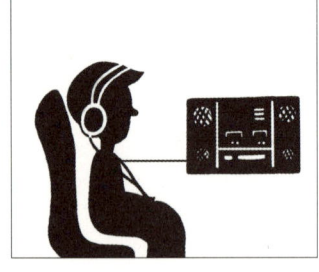

3 A 뭐 하는 것 같아요?

B <u>음악을 듣는 것 같아요</u>.

라 '-는 것 같다'를 써서 대화를 완성해 보십시오.

앤디   지훈 씨, 이게 무슨 냄새예요?

지훈   불고기 냄새예요. 옆집에서 <u>불고기를 만드는 것 같아요</u>.

앤디   아······. 저도 불고기 먹고 싶어요.

지훈   그럼, 저녁에 불고기 먹으러 갈까요?

앤디   네, 좋아요!

new 냄새 a smell ; a scent

문법 | (동사) -은 것 같다

가 알맞은 말을 고르십시오.

1 리엔 씨가 어제 집에 일찍 가는 | **간** ✓ 것 같아요. 점심시간에 볼 수 없었어요.

2 수잔 씨가 오늘 아침을 안 먹는 | **먹은** 것 같아요. 일찍 점심 먹으러 갔어요.

3 한스 씨가 조금 전에 커피를 마시는 | **마신** 것 같아요. 책상 위에 한스 씨 커피잔이

있어요.

나 알맞은 말을 쓰십시오.

1 앤디 씨가 어제 늦게 _____**잔**_____ 것 같아요.
   잤다

2 수잔 씨가 어제 제니 씨하고 _____**싸운**_____ 것 같아요.
   싸웠다

3 투안 씨가 여행 가서 사진을 많이 **찍은** _____ 것 같아요.
   찍었다

✪ 4 지훈 씨가 어제 친구들하고 늦게까지 **논** _____ 것 같아요.
   놀았다

✪ 5 렌핑 씨가 어제 등산 가서 많이 **걸은** _____ 것 같아요.
   걸었다

> -ㄴ 것 같아요
>
> -은 것 같아요

다 알맞은 말을 골라서 쓰십시오.

1 A 제임스 씨가 어제 뭐 한 것 같아요?

   B _____ **친구를 만난** _____ 것 같아요. 홍대 앞에서 놀았다고 했어요.

2 A 리엔 씨가 어제 집에서 뭐 한 것 같아요?

   B **창문을 닦은** _____ 것 같아요.

   오늘 리엔 씨 방 창문이 깨끗해요.

✪ 3 A 1층에서 맛있는 냄새가 나요.

   B 리엔 씨가 아까 **음식을 만든** _____ 것 같아요.

> ✓ 친구를 만나다
>
> ✓ 창문을 닦다
>
> ✓ 음악을 듣다
>
> ✓ 음식을 만들다

25

✿ 4 A 지훈 씨가 조금 전에 뭐 한 것 같아요?

B 음악을 들은 것 같아요. 책상 위에 CD가 있어요.

라 알맞은 말을 쓰십시오.

동사	현재	과거
	- 는 것 같아요	- ㄴ 것 같아요 / - 은 것 같아요
일하다	일하는 것 같아요	일한 것 같아요
읽다	읽는 것 같아요	읽은 것 같아요
쓰다	쓰는 것 같아요	쓴 것 같아요
ⓒ 듣다	듣는 것 같아요	들은 것 같아요
② 놀다	노는 것 같아요	논 것 같아요

마 '-는 것 같다', '-은 것 같다'를 써서 대화를 완성해 보십시오.

완 요즘 수잔 씨가 이상하지요? 1 좀 우울한 것 같아요   .

리엔 네. 그런 것 같아요. 요즘 기분이 안 좋다고 했어요.

완 왜 그럴까요?

리엔 잘 모르겠지만, 2 집에 문제가 생긴 것 같아요   .

단어 | 알맞은 말을 찾아서 쓰십시오.

 **말하기** 📕 p 41~44

1 소라 씨가 요즘 건강이 안 좋아요. 그래서 <u>힘이 없는 것 같아요</u>
2 문이 고장나서 열 수 없어요. 문을 <u>수리해</u> 야 해요.
3 앤디 씨는 성격이 좋아서 다른 사람하고 <u>싸우</u> 지 않아요.
4 어제 친구가 약속 시간에 늦게 와서 친구한테 <u>화를 낸 것 같아요</u>

√싸우다
√수리하다
√화를 내다
웃다
√힘이 없다

 **읽고 말하기** 📕 p 46~47

1 어제 비가 많이 와서 소풍을 갈 수 없었어요. 비 <u>때문에</u> 소풍을 못 갔어요.
2 어제 영화를 봤어요. 그 영화가 너무 슬퍼서 극장에서 많이 <u>운 것 같아요</u>.
3 '슬프다, 기쁘다, 행복하다' 이런 것이 <u>느낌</u> (을)를 말하는 단어예요.
4 작년에 할머니께서 <u>돌아가셔</u> 서 이제 할머니를 만날 수 없어요.
5 강남 역은 <u>젊은</u> 사람들이 많이 가는 곳이에요.

√ 느낌
√ 울다
√돌아가시다
√젊다
√때문에
자유롭게

듣고 말하기 📕 p 178

1 교통이 복잡해서 차들이 <u>움직이</u> 지 않아요.
2 사거리에서 <u>교통 사고</u> 이(가) 난 것 같아요. 경찰차가 왔어요.
3 저 길로 가지 마세요. 요즘 <u>공사해</u> 서 길이 많이 막혀요.
4 지훈 씨는 눈이 아주 나빠요. 그래서 안경을 안 쓰면 하나도 안 <u>보여요</u>.
5 수업이 1시에 끝나요. 지금 12시 40분이에요. 수업 시간이 20분 <u>남았어요</u>.

√ 남다
√ 보이다
√교통 사고
√공사하다
√움직이다
결혼식

사거리 ↱ crossroads
     ↳ intersection

공사하다 → to construct

가 듣고 따라하십시오. (두 번) 🔊 💿 CD 4

1 늦게까지
2 아직 안 일어난 것 같아요
3 출발 합시다
4 공사하는 것 같아요

나 듣고 쓰십시오. (세 번) ✏️ 💿 CD 5

1 어제 늦게까지 공한 것 같아요.

2 제 생각에는 길을 공사하는 것 같아요.

종합 문제

밖에서 사람들이 싸우는 것 같습니다. 그래서 앤디 씨가 놀랐습니다.

'함 사세요!'
'함 사세요!'

앤디 지훈 씨, 밖에 문제가 생긴 것 같아요. 시끄러워요.

지훈 글쎄요. 한번 볼게요.

앤디 사람들이 뭐라고 해요?

지훈 '함 사세요!' 라고 해요.

앤디 그게 무슨 말이에요?

지훈 결혼하기 전에 신랑 집에서 신부 집으로 선물을 보내요.

　　　신랑 친구들이 선물을 가지고 올 때 '함 사세요!'라고 말해요.

앤디 그런데 사람들이 1 <u>싸운 것 같아요</u>.
　　　　　　　　　　싸우다

지훈 아니에요. 함을 가지고 올 때 저렇게 시끄러워요.

앤디 그래요? 한번 구경하고 싶어요.

지훈 어! 이제 조용해요. 사람들이 신부 집에 2 <u>들어간 것 같아요</u>.
　　　　　　　　　　　　　　　　　　들어갔다

앤디 아……, 보고 싶었는데.

지훈 그럼, 나중에 제가 결혼할 때 보세요.

앤디 언제 결혼할 거예요?

지훈 글쎄요. 10년쯤 후?

앤디 네?

new 함 a box containing the wedding present given by the bridegroom to the bride

29

가 **알맞은 말을 쓰십시오.**

1 _____ 싸우는 것 같아요 _____

2 _____ 들어간 것 같아요 _____

나 **대답하십시오.**

1 언제 '함 사세요' 라고 말해요?

신랑 친구들이 선물을 가지고 올 때 '함 사세요' 라고 말해요.

2 앤디 씨는 사람들이 왜 싸운다고 생각했어요?

밖에서 너무 시끄러워서요.

3 지훈 씨가 언제 결혼할 거라고 했어요?

지훈 씨가 10년쯤 후에 결혼할 거라고 했어요.

알맞은 조사(marker)를 쓰세요.

new
-이/가 되다 to become
초등학교 primary school
취직하다 to get a job

안녕하세요? 저는 유리예요. 한국대학교1 <u>에</u> 다녀요. 저는 대학교에서 영어 2 <u>를</u> 전공해요. 공부3 <u>가</u> 재미있지만 시험과 숙제가 너무 많아서 언제나 바빠요. 그리고 집4 <u>에서</u> 학교5 <u>까지</u> 멀어서 학교 다니는 것이 좀 힘들어요. 매일 학교 갈 때 한 시간 반, 집에 갈 때 한 시간 걸려요. 지하철보다 버스6 <u>를</u> 좋아해서 보통 버스7 <u>를</u> 타고 가요.

학교 수업8 <u>이</u> 끝나면 보통 도서관에서 공부하고 저녁 먹은 다음에 아르바이트 하러 가요. 월, 수, 금요일 저녁에 아이들9 <u>한테</u> 영어를 가르쳐요. 영어를 가르친 다음에는 집에 가서 가족10 <u>하고</u> 잠깐 이야기하고 자요. 이번 학기가 끝나면 미국에 가서 한 학기 동안 영어를 배울 거예요. 이번 학기에 가고 싶었지만 돈11 <u>이</u> 없어서 한 학기12 <u>를</u> 연기했어요.

저는 나중에 학교13 <u>를</u> 졸업한 다음에 초등학교에서 영어를 가르치고 싶어요. 영어도 좋아하고, 가르치는 일도 좋아해요. 대학교14 <u>에</u> 들어오기 전에는 좋은 회사15 <u>에</u> 취직하고 싶었어요. 그런데 아이들을 가르치는 일이 재미있어서 마음16 <u>을</u> 바뀌었어요. 가르치는 일이 정말 마음17 <u>에</u> 들어요. 나중에 영어 선생님18 <u>이</u> 꼭 되고 싶어요.

✓	이/가
✓	을/를
✓	에
✓	한테
✓	에서
✓	부터
✓	까지
✓	하고

알맞은 조사(marker)를 쓰세요. 그리고 예문을 만드세요.

1 ___에___ 다니다

→   저는 요즘 중국어 학원에 다니고 있어요   .

2 ___을/를___ 전공하다

→ 저는 대학교에서 인문학을 전공했어요 .

3 ___이/가___ 끝나다

→ 수업이 끝나면 공원에 가요 .

4 ___을/를___ 졸업하다

→ 저는 대학원을 졸업했어요 .

5 ___에___ 들어오다

→ 저는 집에 들어올 때마다 TV를 봐요 .

6 ___에___ 취직하다

→ 무역 회사에 취직하고 싶어요 .

7 ___이/가___ 되다

→ 저는 번역가가 되고 싶어요 .

☞ 정답이 p 81에 있습니다.

3과

주말이니까 나가자

가 그림에 알맞은 말을 고르십시오.

ㄱ 구름이 많아서 하늘이 회색이에요. 조금 후에 비가 올 것 같아요.

ㄴ 날씨가 좋지요? 같이 산책할까요?

나 알맞은 말을 쓰십시오.

1 12시 59분이에요. 수업이 곧 <u>끝날</u> 것 같아요.
끝나다

2 히로미 씨가 오늘 계속 머리가 아프다고 했어요.

수업이 끝나면 집에 일찍 <u>갈</u> 것 같아요.
가다

3 금요일 저녁때 시간이 <u>있을</u> 것 같아요. 같이 저녁 먹을 수 있어요?
있다

✪ 4 내일 산에서 많이 <u>걸을</u> 것 같아요. 그러니까 편한 신발을 신고 오세요.
걷다

- ㄹ 것 같아요
- 을 것 같아요

다 알맞은 말을 쓰십시오.

	- ㄹ 것 같아요 / -을 것 같아요
오다	올 것 같아요
먹다	먹을 것 같아요
바쁘다	바쁠 것 같아요
ㄷ 듣다	들을 것 같아요
ㅂ 쉽다	쉬울 것 같아요
ㄹ 놀다	놀 것 같아요

라 **-을 것 같다**를 써서 대화를 완성해 보십시오.

앤디 미나 씨, 주말이니까 산책하러 공원에 갈까요?

미나 그런데 날씨가 안 좋아요. 비가 **1** 올 것 같아요 .

앤디 그럼, 대학로에 가서 연극 보는 게 어때요?

미나 오늘은 토요일이니까 **2** 표가 없을 것 같아요 .

앤디 그래요? 그럼, 내일은 어때요?

미나 미안해요. 내일은 아르바이트가 있어서 **3** 시간이 없을 것 같아요 .

앤디 그래요? 그럼, 다음 주 토요일은 어때요?

미나 좋아요. 다음 주 토요일은 **4** 시간이 있을 것 같아요/된 것 같아요

앤디 그럼, 그때 보러 갑시다.

미나 그래요.

가 맞으면 O, 틀리면 X 하십시오.

타쿠야

"일요일에 다 같이 영화 보러 가요!"

제니

"일요일에 바다에 가요!"

1 타쿠야 씨가 일요일에 다 같이 영화 보러 가자고 했어요. (O)

2 제니 씨가 일요일에 산에 가자고 했어요. (X)

나 간접화법으로 바꾸십시오.

1 민수 "날씨가 좋으니까 공원에서 산책합시다."

→ 민수 씨가 날씨가 좋으니까 공원에서 _산책하자고_ 했어요.

> -자고 했어요

2 제니 "배가 고프니까 맛있는 음식을 먹읍시다."

→ 제니 씨가 배가 고프니까 맛있는 음식을 _먹자고_ 했어요.

3 미나 "날씨가 좋으니까 가까운 곳으로 놀러 가요"

→ 미나 씨가 날씨가 좋으니까 가까운 곳으로 _놀러가자_ 했어요.

✪ **4** 렌핑 "같이 좀 걸읍시다."

→ 렌핑 씨가 같이 좀 _걷자고_ _해요_ .

✪ **5** 완 "같이 불고기를 만듭시다."

→ 완 씨가 같이 불고기를 _만들자고_ _해요_ .

다 간접화법으로 바꾸십시오.

3과

1 지훈 "비가 오니까 나가지 맙시다."

   → 지훈 씨가 비가 오니까 _나가지 말자고_ 했어요.

-지 말자고 했어요

2 소라 "힘드니까 요리하지 맙시다."

   → 소라 씨가 힘드니까 _요리하지 말자고_ 했어요.

3 미나 "날씨가 안 좋으니까 사진 찍지 맙시다."

   → 미나 씨가 날씨가 안 좋으니까 _사진 찍지 말자고 했어요_ .

라 알맞은 말을 쓰십시오.

	-자고 했어요.	-지 말자고 했어요.
만나다	만나자고 했어요	만나지 말자고 했어요
먹다	먹자고 했어요	먹지 말자고 했어요
듣다	듣자고 했어요	듣지 말자고 했어요
놀다	놀자고 했어요	놀지 말자고 했어요

마 '-자고 하다'를 써서 대화를 완성해 보십시오.

수잔 혹시 투안 씨한테 얘기 들었어요?

한스 무슨 얘기요?

수잔 투안 씨가 금요일에 시험이 끝나니까 같이 _파티를_ _열자고 했어요 / 하자고 했어요_

한스 좋은 생각이에요. 저는 뭐 준비할까요?

수잔 한스 씨, 음료수 가져올 수 있어요?

한스 네, 제가 준비할게요. 파티에 몇 명쯤 올까요?

수잔 열 명쯤 올 것 같아요.

가 그림에 알맞은 말을 고르십시오.

1 ㉠

2 ㉡

㉠ 책을 다 읽었어요.

㉡ 책을 다 읽었어.

나 반말로 바꾸십시오.

1 소라가 친절해요.

→ 소라가 ___친절해___ .

2 소라가 춤을 잘 춰요.

→ 소라가 춤을 잘 ___춰___ .

3 소라가 마음이 넓어요.

→ 소라가 마음이 ___넓어___ .

> - 아
> - 어

> new 마음이 넓다
> to be generous,
> open-minded

다 반말로 바꾸십시오. [과거]

1 민수가 어제 바빴어요.

→ 민수가 어제 ___바빴어___ .

2 민수가 어제 아르바이트를 했어요.

→ 민수가 어제 아르바이트를 ___했어___ .

3 민수가 어젯밤에 일찍 잤어요.

→ 민수가 어젯밤에 일찍 ___잤어___ .

> - 았어
> - 었어

라 반말로 바꾸십시오. [미래]

> -ㄹ 거야
> -을 거야

1 내일 소라를 만날 거예요.

→ 내일 소라를 <u>만날 거야</u>.

2 소라하고 영화를 볼 거예요.

→ 소라하고 영화를 <u>볼 거야</u>.

3 영화 보고 저녁을 먹을 거예요.

→ 영화 보고 저녁을 <u>먹을 거야</u>.

마 반말로 바꾸십시오. [질문]

1 지금 뭐 해요?

→ 지금 뭐 <u>해</u>?

2 언제부터 한국어를 배웠어요?

→ 언제부터 한국어를 <u>배웠어</u>?

✪ **3** 언제 점심을 먹을 거예요?

→ 언제 점심을 <u>먹을 거야</u>?

바 맞는 것을 고르십시오.

이게 누구 거야?

1 히로미 핸드폰 　야 | 이야 ✓ .

2 렌핑 모자 　(야) | 이야 .

3 투안 가방 　야 | (이야) .

4 한스 카메라 　(야) | 이야 .

사 질문을 만드십시오.

1 A 오늘이 무슨 _요일이야_ ?

  B 월요일이야.

2 A 여기가 _어디야_ ?

  B 신촌이야.

3 A 전화번호가 _뭐야_ ?

  B 325-4615야.

> -야
> -이야

아 알맞은 말을 쓰십시오.

1 A 지금 공부해?

  B _어_ , 공부해.

2 A 등산 좋아해?

  B _아니_ , 안 좋아해.

3 A 내일 서점에 갈 거야?

  B _아니_ , 안 갈 거야.

> -어/응
> 아니

자 반말로 바꾸십시오.

1 지금 바쁘니까 오후에 오세요.

  → 지금 바쁘니까 오후에 _와_ .

2 한국에 대해서 알고 싶으면 한국 문화 책을 읽으세요.

  → 한국에 대해서 알고 싶으면 한국 문화 책을 _읽어_ .

✪ 3 여기에 이름을 쓰세요.

  → 여기에 이름을 _써_ .

4 연필 좀 빌려 주세요.

  → 연필 좀 _빌려 줘_ .

> -아
> -어

An imperative sentence in 반말 is formed by dropping '요' from '아/어요'

차 **반말로 바꾸십시오.**

> -자
> -지 말자

1 오늘은 비가 오니까 내일 소풍 갑시다.

➡ 오늘은 비가 오니까 내일 소풍 ___가자___.

2 같이 점심을 먹읍시다.

➡ 같이 점심을 ___먹자___.

✪ 3 날씨가 좋으니까 걸읍시다.

➡ 날씨가 좋으니까 ___걷자___.

✪ 4 시험이 끝났으니까 같이 놉시다.

➡ 시험이 끝났으니까 같이 ___놀자___.

✪ 5 그 영화는 재미없다고 하니까 보지 맙시다.

➡ 그 영화는 재미없다고 하니까 ___보지 말자___.

카 **반말로 바꾸십시오.**

A 오늘 더우니까 수영하러 갑시다.

B 수영장이 머니까 수영장에 가지 맙시다.

A 그럼, 학교 테니스장에서 테니스 칩시다.

B 좋아요.

친구 A ___오늘 더우니까 수영하러 가자___.

친구 B ___수영장이 머니까 수영장에 가지 말자___.

친구 A ___그럼, 학교 테니스장에서 테니스 치자___.

친구 B ___좋아___.

타 반말로 바꾸십시오.

> 오늘 친구들하고 밖에서 저녁 먹기로 했어요.
>
> 이 메모를 보면 놀부집으로 오세요.
>
> 놀부집 위치를 모르면 전화하세요.
>
> － 소라 －

> 오늘 친구들하고 밖에서 저녁 먹기로 했어.
>
> 이 메모를 보면 놀부집으로 와.
>
> 놀부집 위치를 모르면 전화해.
>
> -소라-

파 '반말'을 써서 대화를 완성해 보십시오.

민수가 소라한테 같이 놀러 가자고 합니다.

민수 주말에 보통 뭐 해?

소라 글쎄, 약속 없을 때는 집에서 인터넷으로 영화 보거나 텔레비전 **1** 을 봐   .

민수 그럼, 이번 주말에도 집에 있을 거야?

소라 토요일에는 약속이 **2** 있어   . 일요일에는 아마 집에 있을 거야.

민수 그럼, 요즘 날씨가 좋으니까 일요일에 같이 남이섬에 **3** 가자   .

소라 남이섬? 좋아! 몇 시에 **4** 만나까   ?

민수 일찍 출발하자. 8시에 청량리 역에서 만날까?

소라 그래. 8시에 갈게. 다른 친구들한테도 물어볼까?

민수 그래, 물어봐. 여러 명이 가면 더 재미있을 거야.

소라 친구들한테 물어보고 전화할게.

민수 그래. 전화해.

문법 | 반말 - 대명사 (pronoun)

SB p 56   별책 p 10

3과

가 알맞은 말을 골라서 쓰십시오.

| 내가 | 나도 | 나한테 | ✓ 내 |

1

이거 유리 거야?

아니, _내_ 거야.

2

누가 청소했어?

_내가_ 했어.

3

친구가 없어서 심심해.

심심할 때 _나한테_ 전화해.

4

나는 여행을 좋아해.

_나도_ 좋아해.

나 알맞은 것을 골라서 쓰십시오.

| 너는 | ✓ 네가 | ✓ 너한테 | 너도 | 네 ✓ |

1

같이 영화 보러 가자. 표를 두 장 샀어.

좋아. 네가 표를 샀으니까 내가 저녁을 살게.

2

이게 ___네___ 가방이야?

어, 내 가방이야.

3

내가 아까 ___너한테___ 전화했어. 왜 안 받았어?

미안해. 수업 시간이라서 못 받았어.

4

오늘 친구들하고 놀러 갈 거야. ___너도___ 같이 가자.

그래. 좋아.

5

나는 테니스를 좋아해. ___너는___ 어떤 운동을 좋아해?

나는 수영을 좋아해.

> The written form '네가' is commonly pronounced as [니가]. And the written form '네' is commonly pronounced as [니].

다 알맞은 말을 골라서 쓰십시오.

어제 시험이 끝나서 친구들이 모두 같이 여행 갔어. <u>나도</u> 같이 가고 싶었어. 하지만 갈 수 없었어. 왜냐하면 내일 고향 친구가 서울에 올 거야. 그 친구가 지난주에 <u>나한테</u> 이메일을 보냈어. 그 친구는 서울에 처음 와. 그래서 그 친구가 서울에 오면 <u>나는</u> 안내해야 해. 그 친구하고 서울 구경을 하려고 해.

나는 ✓
내가
✓나도
나한테 ✓

라 알맞은 말을 쓰십시오.

	반말 (casual speech)	
	first person singular	second person singular
제가	내가	네가
저는	나는	너는
저를	나를	너를
저도	나도	너도
저한테	나한테	너한테
제 (possessive)	내	네

가 알맞은 말을 쓰십시오. '-야', '- 아'

1

> 그냥 텔레비전 보고 있어.

> 현우 __야__ , 뭐해?

2

> 지훈 __아__ , 사진을 이메일로 보내 줘.

지훈

나 '반말'을 써서 대화를 완성해 보십시오.

> **두 사람이 친구 생일 파티에 대해서 이야기합니다.**
>
> 민수   미나**1** __야__ , 이번 주 토요일이 소라 생일이야.
>
> 미나   응, 유리한테 들었어. 유리가 나한테 음식을 부탁했어. **2** __너는__ 뭘 준비할 거야?
>
> 민수   나는 케이크를 준비하기로 했어.
>
> 미나   좋아, 좋아! 그런데 민수**3** __아__ , 내 친구 데려가도 될까?
>
> 민수   괜찮을 것 같아.
>
> 미나   그래? 그럼, 친구 한 명 데려 갈게. 토요일에 보자.

단어

말하기 📖 p 58~60

그림을 보고 알맞은 설명에 줄을 그으십시오.

1

2

3

4

5

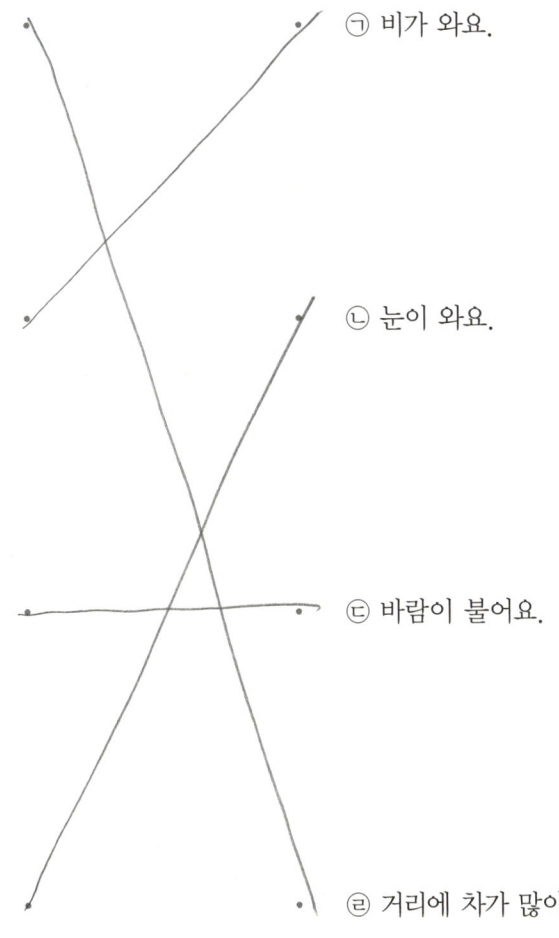

ㄱ 비가 와요.

ㄴ 눈이 와요.

ㄷ 바람이 불어요.

ㄹ 거리에 차가 많아요.

ㅁ 연극을 봐요.

읽고 말하기

SB p 65~66

맞는 말을 고르십시오.

1 민수는 친절하지만 말이 없어. 민수 동생도 친절하지만 말을 많이 하지 않아.

두 사람은 성격이 **(비슷해)** | 달라 .

2 시장에 가서 3만원 자리 | **(짜리)** 배낭을 샀어. 그 배낭이 참 마음에 들어.

3 놀이 공원에서 지갑을 잃어버렸어. 지갑을 잃어버려서 정말 **(속상해)** | 심심해 .

4 나도 그런 전자 사전을 사고 싶어. 어디에서 팔려 | **(팔아)** ?

5 보통 토요일에는 길이 많이 막혀. 그런데 오늘은 토요일이지만 길에 차가 없어. **(이상해)** | 복잡해 .

> new
> 전자 사전
> an electronic dictionary

듣고 말하기

SB p 178

_____ 에 알맞은 말을 찾아서 넣으십시오.

1 이 이야기를 다른 사람한테 말하지 마. 이 이야기는 비밀 야/이야.

2 앤디가 어제 하숙집에 한스를 데려왔어 . 그래서 하숙집에서 같이 저녁 먹었어.

3 학생 때 여행을 많이 했어. 그 중에서 스페인 여행이 제일 기억에 남았어 .

4 지훈 : 일본어 숙제가 너무 어려워.

미나 : 타쿠야한테 부탁해 봐. 도와줄 거야.

5 사이다, 콜라, 주스는 음료수 야/이야.

> 앨범
> 부탁하다 ✓
> 음료수 ✓
> 데려오다
> 비밀 ✓
> 남다 ✓

발음

가 듣고 따라하십시오. (두 번)  CD 6

1 점심 살게
2 대학로
3 음료수
4 부탁해 보자

나 듣고 쓰십시오. (세 번) CD 7

1. 나가자, 내가 점심 살게.

2 내가 음료수 가져올게.

개업한 식당에 처음 왔습니다.

유리 와! 분위기 좋다! 이 식당에 와 봤어?

민수 아니, 처음이야. 소라가 이 집이 맛있다고 했어.

유리 아, 배고파. 뭐 먹을까?

민수 김치찌개 어때?

유리 좀 1 <u>매울 것 같아</u>. 요즘은 매운 음식을 안 먹어.

　　　나는 비빔밥 먹을게. 너는 뭐 2 <u>먹을 거야</u>?

민수 나는 김치찌개 3 <u>먹어 볼게</u>.

　　　아주머니, 김치찌개 하나, 비빔밥 하나 주세요.

지훈 유리야, 민수야!

유리 어! 지훈아! 혼자 밥 먹으러 왔어? 여기 앉아. 같이 4 <u>먹자</u>.

지훈 응. 조금 이따가 미나도 올 거야.

　　　소라 생일 파티 준비는 다 했어?

유리 어, 앨범만 정리하면 돼. 미나 오면 우리 같이 사진 한 장 찍자.

지훈 그래.

유리 소라가 정말 좋아할 것 같아. 내 생일 때도 앨범 만들어 줘.

민수 어, 그럴게.

> **new**
> (형용사) – 다!
> an adjective
> exelamatory sentence

가 알맞은 말을 쓰십시오.

1 _____ 매울 것 같아

2 _____ 먹을 거야

3 _____ 먹어 볼게

4 _____ 먹자

나 대답하십시오.

1 유리와 민수가 무슨 음식을 시켰어?

유리는 비빔밥을 시키고 민수는 김치찌개를 시켰어요

2 누가 이 식당을 추천했어?

식당을 추천하는 사람이 소라였어요

3 몇 명이 사진을 찍을까?

네 명이에요

What do you do when something good happens?

 Like people in many other coutries, Koreans throw parties on special occasions, such as passing an exam, getting a job, getting a promotion, or having a baby. Usually, the host of the party treats all of the guests. This practice comes from an ancient Korean custom of sharing one's joy with one's friends when something good happens. It is common for the friends of someone who has experienced something good to get him or her to treat them.

> * In your country, is it customary to treat your friends when something good happens? If so, when do you treat them?

좋은 일이 생겼을 때 어떻게 기쁨을 표현해요?

한국 사람들은 생일뿐만 아니라, 자신에게 좋은 일이 생겼을 때 친구와 아는 사람들을 초대해서 파티를 합니다. 예를 들어, 시험에 합격하거나, 취직하거나, 승진하거나, 아이가 생기는 등 좋은 일이 생기면 잔치를 엽니다. 전에는 집에 사람들을 초대해서 잔치를 했지만 요즘은 주로 식당을 이용하는데 이 때 잔치를 연 사람이 돈을 다 냅니다. 한국에는 식사하거나 차를 마신 후에 한 사람이 돈을 다 내는 문화가 있는데 이 문화는 좋은 일이 생겼을 때 주위 사람들과 함께 기쁨을 나누는 옛날 한국의 전통에서 왔습니다.

> *＿＿＿＿ 씨 나라에서는 좋은 일이 생겼을 때 어떻게 기쁨을 나눠요?
> 한국과 비슷한 점, 다른 점을 생각해 보세요.

4과

큰형은 조용한데 저는 안 그래요

가 알맞은 말을 고르십시오.

미나

소라

1 미나 씨는 마음이 _____ㄴ_____ 소라 씨는 마음이 넓지 않아요.
소라 씨를 화를 잘 내요.

2 미나 씨는 _____ㄱ_____ 소라 씨는 조용하지 않아요. 소라 씨는
말하는 것을 좋아해요.

> ㉠ 조용한데
> ㉡ 넓은데

나 한 문장으로 만드십시오.

1 형 방은 작아요.
그런데 동생 방은 커요.
→ 형 방은 _____작은데_____
동생 방은 커요.

2 형 방은 밝아요.
그런데 동생 방은 어두워요.
→ 형 방은 _밝은데_
동생 방은 어두워요.

3 형 방은 깨끗해요. 그런데 동생 방은 더러워요.
→ 형 방은 _깨끗한데_ 동생 방은 더러워요.

> - ㄴ데
> - 은데

new 형
an older brother

다 알맞은 말을 쓰십시오.

1 말하기 수업은 ___쉬운데___ 읽기 수업은 어려워요.
쉽다

2 지훈 씨 가방은 ___무거운데___ 파울로 씨 가방은 가벼워요.
무겁다

3 미나 씨는 머리가 ___긴데___ 히로미 씨는 머리가 짧아요.
길다

라 알맞은 말을 쓰십시오.

	- ㄴ데 / -은데
조용하다	조용한데
작다	작은데
ⓔ 길다	긴데
ⓑ 쉽다	쉬운데
★ 재미있다	재미있는데
★ 재미없다	재미없는데

마 '-은데'를 써서 대화를 완성하십시오.

수잔 히로미 씨는 언니나 오빠가 있어요?

히로미 네, 언니가 한 명 있어요.

수잔 언니하고 닮았어요?

히로미 아니요, 안 닮았어요. 언니는 눈이 아주 **1** ___큰데___ 저는 눈이 안 커요.

수잔 그럼 성격도 달라요?

히로미 네, 성격도 달라요. 언니는 **2** ___활발한데___ 저는 조용해요.

문법 | (동사) -는데 ①

SB p 75   별책 p 13

가 알맞은 말을 고르십시오.

○ 좋아하는데

○ 있는데

○ 해 봤는데

1 앤디 씨는 커피를 <u>좋아하는데</u> 타쿠야 씨는 안 좋아해요.

2 앤디 씨는 여행을 많이 <u>해 봤는데</u> 타쿠야 씨는 안 해 봤어요.

3 앤디 씨는 여자 친구가 <u>있는데</u> 타쿠야 씨는 없어요.

나 한 문장으로 쓰십시오.

-는데

1 형은 축구를 잘 해요. 그런데 저는 못 해요.

→ 형은 축구를 <u>잘 하는데</u> 저는 못 해요.

2 누나는 책을 많이 읽어요. 그런데 저는 책을 안 읽어요.

→ 누나는 책을 많이 <u>읽는데</u> 저는 책을 안 읽어요.

✪ **3** 여동생은 음악을 많이 들어요. 그런데 저는 안 들어요.

→ 여동생은 음악을 많이 <u>듣는데</u> 저는 안 들어요.

✪ **4** 막내 동생은 노래를 잘 불러요. 그런데 저는 못 불러요.

→ 막내 동생은 노래를 잘 <u>부르는데</u> 저는 못 불러요.

new
누나 **a man's elder sister**
막내 **the youngest child**
남동생 = 남자 동생
여동생 = 여자 동생

✪ 다 　알맞은 말을 쓰십시오.

1 형은 음식을 잘 ＿＿＿만드는데＿＿＿ 저는 못 만들어요.
　　　　　　　　　만들다

2 형은 자전거를 탈 줄 ＿＿＿아는데＿＿＿ 저는 탈 줄 몰라요.
　　　　　　　　　　　알다

3 형은 부모님하고 같이 ＿＿사는데＿＿ 저는 혼자 살아요.
　　　　　　　　　　　　살다

라 　한 문장으로 쓰십시오. [과거]

1 어제는 피곤했어요. 그런데 오늘은 안 피곤해요.

→ 어제는 ＿＿＿피곤했는데＿＿＿ 오늘은 안 피곤해요.

2 어렸을 때에는 자주 아팠어요. 그런데 지금은 건강해요.

→ 어렸을 때에는 자주 ＿＿아팠는데＿＿ 지금은 건강해요.

3 전에는 라디오를 많이 들었어요. 그런데 지금은 안 들어요.

→ 전에는 라디오를 많이 ＿＿들었는데＿＿ 지금은 안 들어요.

> -았는데
> -었는데

> new
> 어렸을 때
> in one's childhood

마 　비교하십시오.

앤디	한스
운동을 잘 해요	춤을 잘 춰요
사람을 많이 만나요	음악을 많이 들어요
신촌에 살아요	서초동에 살아요

1 ＿＿앤디 씨는 운동을 잘 하는데 한스 씨는 춤을 잘 춰요＿＿.

2 앤디 씨는 사람을 많이 만나는데 한수 씨는 음악을 많이 들어요

✪3 앤디 씨는 신촌에 사는데 한수 씨는 서초동에 살아요

> new
> 비교하다 to compare

바 알맞은 말을 쓰십시오.

	현재	과거
보다	보는데	봤는데
읽다	읽는데	읽었는데
㉠ 쓰다	쓰는데	썼는데
㉡ 듣다	듣는데	들었는데
㉢ 살다	사는데	살았는데
㉣ 모르다	모르는데	몰랐는데
조용하다	조용하는데	조용했는데
작다	작은데	작았는데
있다	있는데	있었는데
없다	없는데	없었는데

사 **'-는데'**를 써서 대화를 완성하십시오.

히로미   제니 씨, 어렸을 때 뭐 하는 것을 좋아했어요?

제니   저는 피아노 치는 것을 좋아했어요.

히로미   요즘도 피아노를 치세요?

제니   아니요. 어렸을 때는 자주 1 <u>쳤는데</u>   요즘은 별로 안 쳐요.

  히로미 씨는요?

히로미   저는 그림 그리는 것을 좋아했어요. 어렸을 때는 자주 2 <u>그렸는데</u>

  요즘은 가끔 그려요.

나이

📖 p 76   📓 p 35

가 글을 읽고 그림에 나이를 쓰십시오.

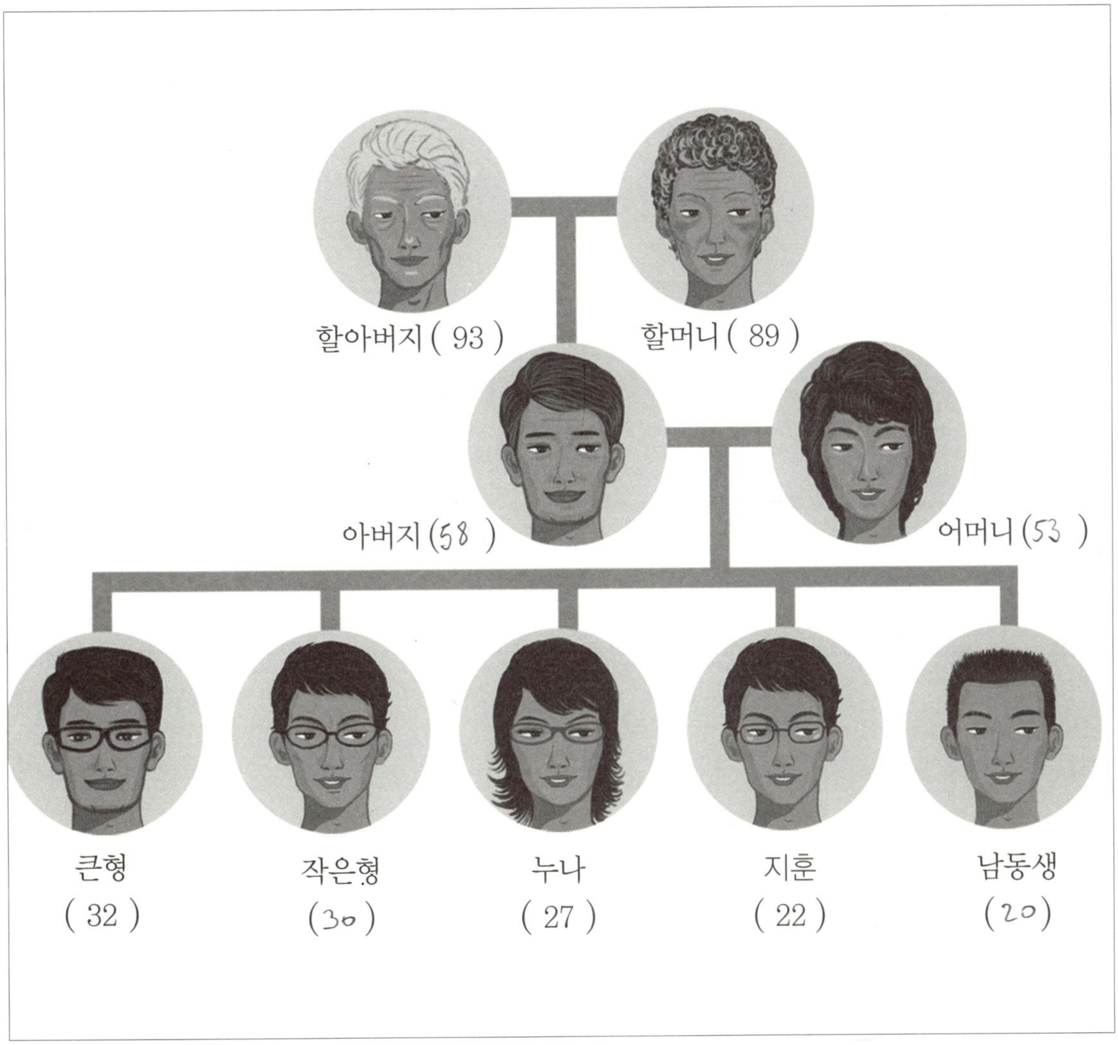

할아버지 (93)   할머니 (89)

아버지 (58)   어머니 (53)

큰형
(32)

작은형
(30)

누나
(27)

지훈
(22)

남동생
(20)

지훈 씨 큰형은 서른 두 살이고 작은형은 서른 살이에요. 지훈 씨 누나는 스물 일곱 살이에요. 지훈 씨는 스물 두 살이고 지훈 씨 동생은 스무 살이에요. 아버지는 쉰 여덟이시고 어머니는 쉰 셋이세요.

스물 + 살
→ 스무 살

나 대답을 쓰십시오.

동생이 몇 살이에요?

A

B 열 여섯 살이에요. (16)

C 열 여덟 살이에요 (18)

아버지 연세가 어떻게 되세요?

A

B 쉰 둘이세요. (52)

C 예순 이세요 (60)

다 알맞은 말을 쓰십시오.

Korean Number		나이	
20	스물	20살	스무살
21	스물 하나	21살	스물 한 살
22	스물 둘	22살	스물 두 살
23	스물 셋	23살	스물세 살
24	스물 넷	24살	스물 네 살
30	서른	30살	서른 살
40	마흔	40(살)	마흔 살
50	쉰	50(살)	쉰 (살)
60	예순	60(살)	예순 살
70	일흔	70(살)	일흔 (살)
80	여든	80(살)	여든 (살)
90	아흔	90(살)	아흔 (살)

가족 호칭

가 글을 읽고 알맞은 말을 쓰십시오.

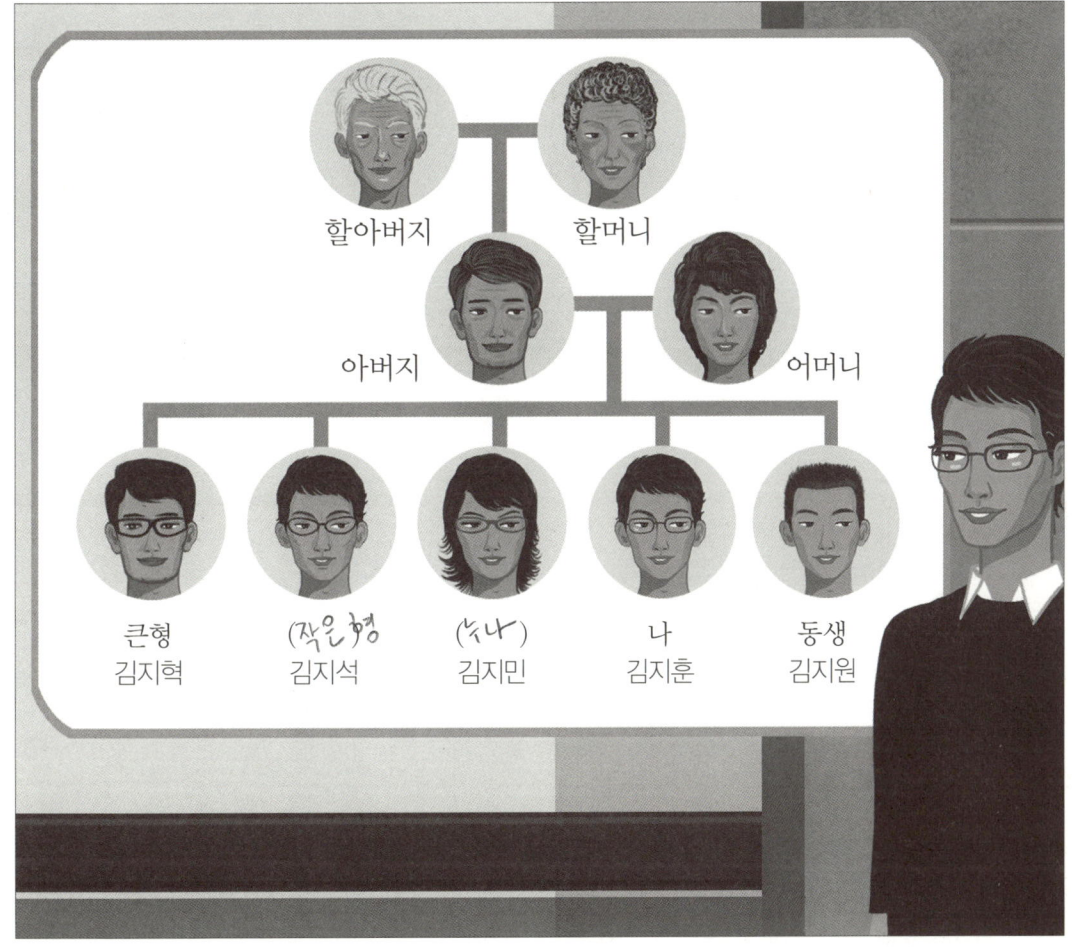

할아버지   할머니

아버지   어머니

큰형
김지혁

(작은형)
김지석

(누나)
김지민

나
김지훈

동생
김지원

제 이름은 김지훈이에요. 큰형 이름은 김지혁이고 작은형 이름은 김지석이에요. 누나 이름은
김지민이고 동생 이름은 김지원이에요.

나　알맞은 말을 쓰십시오.

제 이름은 김미리예요. 큰언니 이름은 김경리이고 <u>둘째 언니</u> 이름은 김세리예요.

<u>오빠</u> 이름은 김태환이에요. <u>동생</u> 이름은 김하리예요.

다　알맞은 말을 쓰십시오.

할아버지는 연세가 일흔 셋이에요. 큰아버지는 쉰 하나시고, 고모는 쉰이세요.

아버지는 마흔 일곱이시고, 어머니는 마흔 둘이세요. 작은아버지는 서른 아홉이세요.

단어 | ____에 알맞은 말을 찾아서 쓰십시오.

 **말하기**  📖 p 77~80

4과

1 형제 중에서 앤디 씨보다 나이가 많은 여자 ⇒ 누나
2 형제 중에서 앤디 씨보다 나이가 많은 남자 ⇒ 형
3 형제 중에서 제니 씨보다 나이가 많은 남자 ⇒ 오빠
4 형제 중에서 제니 씨보다 나이가 많은 여자 ⇒ 언니
5 아버지의 아버지 ⇒ 할아버지
6 아버지의 어머니 ⇒ 할머니

new 형제 siblings

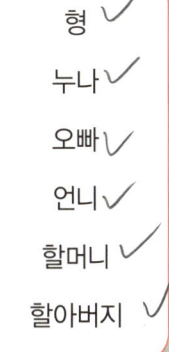

형 ✓
누나 ✓
오빠 ✓
언니 ✓
할머니 ✓
할아버지 ✓

 **읽고 말하기** 📖 p 83~84

1 민수 씨는 모든 것을 나쁘게 말해요. 불평해요.
2 사장님이 직원한테 "사무실을 청소하세요."라고 말했어요.
   사장님이 직원한테 사무실 청소를 시켰어요.
3 이 지갑이 누구 거예요? 어제 제가 길에서 이 지갑을 주웠어요.
4 어렸을 때 물에 빠졌어요. 그래서 지금도 수영을 안 좋아해요.
5 우리 할머니는 딸 이 세 명 있어요. 그중에서 첫째가 우리 엄마예요.

딸 ✓
시키다 ✓
불평하다 ✓
빠지다 ✓
줍다 ✓

 **듣고 말하기** 📖 p 179

⭐ 1 유리 씨는 동생하고 얼굴이 비슷해요. 얼굴이 많이 닮았어요.
2 어머니 여자 형제를 이모 (라고)이라고 불러요.
3 어머니 남자 동생을 외삼촌 라고(이라고) 불러요.
4 돈이 많은 사람을 부자 (라고)이라고 불러요.

닮다 ✓
부자 ✓
막내
이모 ✓
외삼촌 ✓

4과 발음

가 듣고 따라하십시오. (두 번) 🔊 CD 8

1 안 닦았어요

2 스케이트를 탔는데

3 큰형은 조용한데

나 듣고 쓰십시오. (세 번) ✏️ CD 9

1 큰형은 조용한데 저는 안 그래요

2 어렸을 때에는 스케이트를 많이 탔는데 요즘은 안 타요

종합 문제

앤디 씨 방 그림이 두 장 있습니다. 그림에서 다른 것을 찾아보세요.

가 다른 부분에 ◯ 표시 해 보세요. (여섯 개)

나 알맞은 말을 쓰십시오.

왼쪽 그림은 앤디 씨 바지가 ____긴데____ 오른쪽 그림은 앤디 씨 바지가 짧아요.

왼쪽 그림은 커튼이 ___있는데___ 오른쪽 그림은 커튼이 없어요.

왼쪽 그림은 책상 위에 있는 연필이 ___한 개인데___ 오른쪽 그림은 세 개예요.

왼쪽 그림은 쓰레기통에 쓰레기가 ___있는데___ 오른쪽 그림은 쓰레기통에 쓰레기가 없어요.

왼쪽 그림은 앤디 씨가 양말을 ___신었는데___ 오른쪽 그림은 앤디 씨가 양말을 안 신었어요.

왼쪽 그림은 가방이 책상 위에 ___있는데___ 오른쪽 그림은 가방이 책상 아래에 있어요.

아는 단어를 여섯 개씩 써 보세요.

1	직업	선생님, 기자, 의사, 회사원, 가수, 영화 배우
2	운동	배드민턴, 야구, 농구, 권투, 테니스, 축구
3	색	초록색, 주황색, 분홍색, 빨간색, 노란색, 보라색
4	옷	바지, 치마, 셔츠, 재킷, 스웨터, 드레스
5	장소	극장, 영화관, 공원, 미술관, 박물관, 도서관
6	한국 음식	불고기, 삼겹살, 비빔밥, 김치찌개, 삼계탕, 잡채

단어를 찾아 보세요. (아홉 개)

불	고	기	축	턴
빨	하	자	민	구
회	사	드	잡	티
색	배	비	수	셔
극	장	가	영	츠

1 불고기
2 배드민턴
3 축구
4 극장
5 회색
6 티셔츠
7 수영
8 가수
9 기자
10. 회사

☞ 정답이 p91에 있습니다.

5과

아무리 바빠도 운동을 해야 해요

가 그림을 보고 알맞은 말을 고르십시오.

√ ㉠ 강민 씨 기분이 좋아졌어요.

ㄴ 강민 씨 기분이 나빠졌어요.

나 알맞은 말을 쓰십시오.

> -아졌어요
>
> -어졌어요

1 아까는 날씨가 안 좋았는데 지금은 ___좋아졌어요___ .
　　　　　　　　　　　　　　　　　좋다

2 그 가수가 옛날에는 인기가 없었는데 지금은 인기가 ___많아졌어요___ √ .
　　　　　　　　　　　　　　　　　　　　　　　　　　많다

3 지훈 씨가 옛날보다 더 ___멋있어졌어요___ √ .
　　　　　　　　　　　　멋있다

4 요즘 투안 씨하고 이야기를 많이 했어요. 그래서 우리는 많이 ___친해졌어요.___ √ .
　　　　　　　　　　　　　　　　　　　　　　　　　　　　　　친하다

✪ 5 소라 씨가 요즘 많이 ___예뻐졌어요___ √ .
　　　　　　　　　　　　예쁘다

✪ 6 가방에 책을 많이 넣었어요. 그래서 가방이 ___무거워졌어요.___ √ .
　　　　　　　　　　　　　　　　　　　　　무겁다

✪ 7 이 동네가 ___달라졌어요___ √ . 옛날에는 빌딩이 없었는데 지금은 새 빌딩이 많아요.
　　　　　　　다르다

다 **한 문장으로 바꾸십시오.**

1 처음에는 한국어 공부가 어려웠어요. 그런데 지금은 쉬워요.

→ 처음에는 한국어 공부가 어려웠는데 지금은 쉬워졌어요 .

2 어제는 방이 더러웠어요. 그런데 오늘은 깨끗해요.

→ 어제는 방이 더러웠는데 오늘은 깨끗해졌어요 ✓.

3 두 달 전에는 추웠어요. 그런데 요즘은 따뜻해요.

→ 두 달 전에는 추웠는데 요즘은 따뜻해졌어요 ✓.

4 아까 날씨가 안 좋았어요. 그런데 지금은 좋아요.

→ 아까는 날씨가 안 좋았는데 지금은 좋아졌어요 ✓.

라 **대답을 쓰십시오.**

1 A 제니 씨, 요즘 피곤하세요? 얼굴이 안 좋아요.

B 네, 몸이 약해졌어요 .
　　　　　약하다

✪ **2** A 어제는 날씨가 따뜻했는데 오늘은 날씨가 춥지요?

B 네, 날씨가 추워졌어요 ✓ .
　　　　　춥다

3 A 아직도 몸이 아프세요?

B 아니요, 지금은 좋아졌어요 ✓ .
　　　　　　　　좋다

4 A 지금도 밖이 시끄러워요?

B 아니요, 이제 조용해졌어요 ✓ .
　　　　　　　조용하다

마 **알맞은 말을 쓰십시오.**

1 텔레비전에 많이 나오면 ___유명해져요___ .
유명하다

2 한국 사람하고 많이 얘기하면 한국어 발음이 좋아져요 ✓ .
좋다

3 한국에서는 3월이 되면 날씨가 따뜻해져요 ✓ .
따뜻하다

★ 4 11월이 되면 날씨가 추워져요 ✓ .
춥다

> -아져요
>
> -어져요

> When speaking of widely known facts or generally agreed-upon truths, the present tense of '- 아/어지다' is used.

바 **대답을 쓰십시오.**

1 A 요즘 피부가 안 좋아요.

B 많이 주무세요. 푹 쉬면 피부가 ___좋아져요___ .
좋다

2 〈명동〉

A 사람이 많아졌어요.

B 네, 여기는 오후가 되면 복잡해져요 ✓ .
복잡하다

3 A 어제 열 두 시간 동안 컴퓨터 게임을 했어요.

★ B 너무 오랫동안 하지 마세요. 게임을 많이 하면 눈이 나빠져요 ✓ .
나쁘다

4 〈이사하는 날〉

A 제가 화분을 같이 들어 드릴게요.

★ B 네, 고마워요. 이 장갑을 끼세요. 장갑을 안 끼면 손이 더러워져요 ✓ .
더럽다

사 알맞은 말을 쓰십시오.

	- 아/어졌어요	- 아/어져요	
많다	많아졌어요	많아져요	✓
따뜻하다	따뜻해졌어요	따뜻해져요	✓
재미있다	재미있어졌어요	재미있어져요	✓
ⓤ 예쁘다	예뻐졌어요	예뻐져요	✓
ⓑ 춥다	추워졌어요	추워져요	✓
ⓡ 다르다	달라졌어요	달라져요	✓

아 '- 아/어지다'를 써서 대화를 완성해 보십시오.

지훈　이리나 씨, 피곤하세요?

이리나　네, 요즘 몸이 많이 **1** ~~나빠졌어요~~ │ 약해졌어요

지훈　건강에 좋은 음식을 많이 드세요.

이리나　식사도 별로 하고 싶지 않아요. 입맛이 없어요.

지훈　안 돼요. 운동을 좀 해 보세요.

이리나　저도 그렇게 하고 싶지만 시간이 없어요.

지훈　쉽게 할 수 있는 운동도 많아요. 운동을 꼭 하세요.
　　　운동을 하면 **2** 몸이 ~~좋아져요~~ 좋아질 거예요

이리나　알겠어요.

71

5과 문법 | -아/어도

SB p 93   별책 p 15

가 알맞은 말을 고르십시오.

1 그 자동차가 마음에 들어요. 그래서 <u>비싸도</u> ✓ 살 거예요.

2 내일 친구들하고 놀러 가기로 했어요. <u>비가 와도</u> ✓ 갈 거예요.

┌─────────────┐
│ ㉠ 비가 와도 │
│ ㉡ 비싸도   │
└─────────────┘

나 한 문장으로 쓰십시오.

1 앤디 씨는 늦게 자요. 그래도 일찍 일어나요.

→ 앤디 씨는 늦게 <u>자도</u> 일찍 일어나요.

┌─────────┐
│ - 아도 │
│ - 어도 │
└─────────┘

2 일이 많아요. 그래도 주말에는 꼭 쉬세요.

→ 일이 <u>많아도</u> ✓ 주말에는 꼭 쉬세요.

3 앤디 씨한테 계속 전화해요. 그래도 앤디 씨가 전화를 받지 않아요.

→ 앤디 씨한테 계속 <u>전화해도</u> ✓ 앤디 씨가 전화를 받지 않아요.

다 알맞은 말을 쓰십시오.

	- 아 / 어도
가다	가도
하다	해도 ✓
졸리다	졸려도 ✓
ⓐ 아프다	아파도 ✓
ⓑ 덥다	더워도 ✓
ⓒ 걷다	걸어도 ✓
ⓓ 모르다	몰라도 ✓

라 대답을 쓰십시오.

The adverb '아무리(no matter how much)' can be added to the first clause.

5과

아무리 -아도
아무리 -어도

1 A 운동을 하고 싶지만 바빠요.

  B   아무리 바빠도 운동을 꼭 하세요   .

2 A 쉬고 싶지만 일이 많아요.

  B 아무리 일이 많아도 꼭 쉬세요. ✓   .

3 A 숙제를 하고 싶지만 피곤해요.

  B 아무리 피곤해도 숙제를 꼭 하세요 ✓   .

마 단어를 이용해서 문장을 만드십시오.

✓ 바쁘다
  힘들다
✓ 피곤하다
✓ 시간이 없다

to check

1 좋은 학생은   아무리 바빠도 꼭 복습해요   .

2 좋은 학생은   아무리 피곤해도 학교에 꼭 와요

3 좋은 학생은 아무리 시간이 없어도   새로운 단어를 꼭 공부해요

바 **'-아/어도'** 를 써서 대화를 완성해 보십시오.

이리나 앤디 씨, 제가 요즘 자주 지각해요.

앤디 왜요? 무슨 일이 있어요?

이리나 아침에 일찍 일어나는 게 힘들어요.

앤디 그럼, 밤에 일찍 주무세요.

이리나 지각 안 하려고 일찍 자요. 그런데 일찍 자도 ✓ 아침에 못 일어나요.

앤디 그래요? 이리나 씨, 알람 시계를 두 개 맞추고 주무세요.

new
알람 시계를 맞추다 to set an alarm (clock)

가 맞으면 O, 틀리면 X 하십시오.

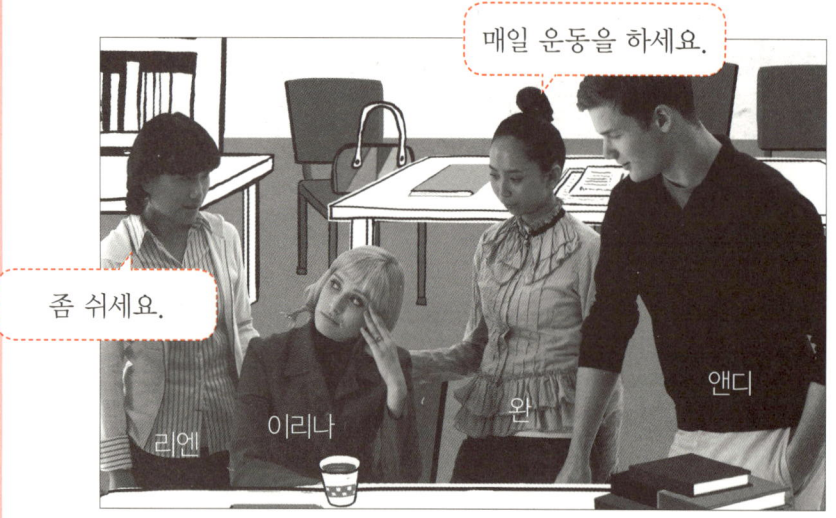

매일 운동을 하세요.

좀 쉬세요.

리엔　이리나　완　앤디

1 완 씨가 매일 운동을 하라고 했어요.　(O) ✓

2 앤디 씨가 좀 쉬라고 했어요.　(X) ✓

나 간접화법으로 바꾸십시오.

한국어를 잘하고 싶어요.
어떻게 해야 해요?

1 지훈 : "한국 사람하고 많이 얘기하세요."

→ 지훈 씨가 _한국 사람하고 많이 얘기하라고 했어요_ .

- 라고 했어요
- 으라고 했어요

2 소라 : "예습과 복습을 꼭 하세요."

→ 소라 씨가 _예습과 복습을 꼭 하라고 했어요_ ✓

❸ 3 민수 : "단어장을 만드세요."

→ 민수 씨가 _단어장을 만드라고 했어요_ ✓

new 단어장 a vocabulary notebook

다 간접화법으로 바꾸십시오.

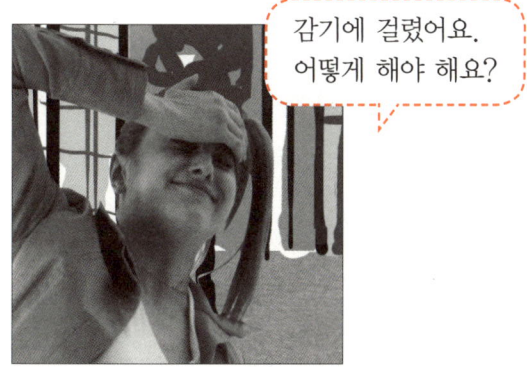

감기에 걸렸어요.
어떻게 해야 해요?

1 완 : "커피를 마시지 마세요."

→ 완 씨가 ___커피를 마시지 말라고 했어요___ .

-지 말라고 했어요

2 리엔 : "밤 늦게까지 공부하지 마세요."

→ 리엔 씨가 ___밤 늦게까지 공부하지 말라고 했어요___ ✓

3 투안 : "오늘은 도서관에 가지 마세요."

→ 투안 씨가 (오늘은) ___도서관에 가지 말라고 했어요___ ✓

라 알맞은 말을 쓰십시오.

	- 라고 했어요 / - 으라고 했어요	- 지 말라고 했어요
가다	가라고 했어요 ✓	가지 말라고 했어요
읽다	읽으라고 했어요 ✓	읽지 말라고 했어요
ⓒ 듣다	들으라고 했어요	듣지 말라고 했어요
ⓔ 놀다	놀라고 했어요	놀지 말라고 했어요
ⓢ 줄을 긋다	줄을 그으라고 했어요	줄을 긋지 말라고 했어요

new
줄을 긋다
to draw a line

마 알맞은 말을 쓰십시오.

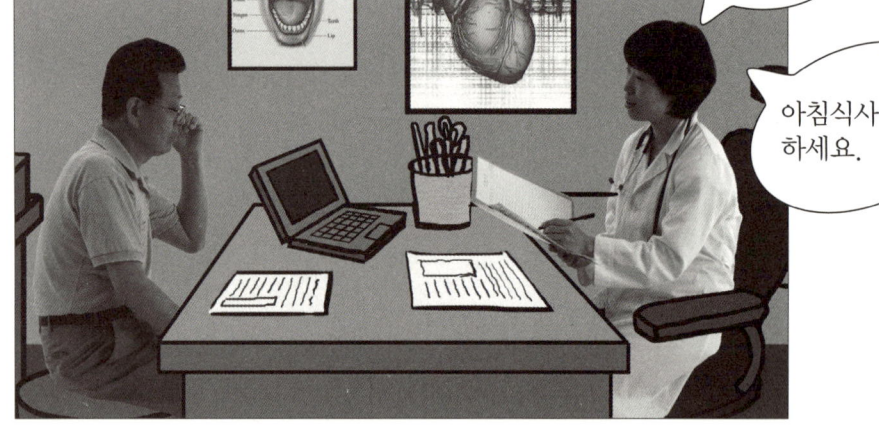

운동하세요.

아침식사를 꼭 하세요.

1 A 의사 선생님이 뭐라고 했어요?

B _____운동하라고 했어요_____.

그래서 바빠도 꼭 운동하려고 해요.

2 A 의사 선생님이 뭐라고 했어요?

B _아침식사를 꼭 하라고 했어요_ ✔.

그래서 늦게 일어나도 아침 식사를 꼭 하려고 해요.

바 **-으라고 하다**를 써서 대화를 완성하십시오.

이리나 제니 씨, 제가 요즘 몸이 약해진 것 같아요.

제니 왜요?

이리나 아무리 많이 자도 계속 잠이 와요.

제니 비타민을 먹어 보세요.

이리나 앤디 씨가 _먹어 보라고 해_ 서 먹고 있어요.

그런데 좋아지지 않아요.

제니 그럼, 저하고 같이 운동을 하는 게 어때요? 운동을 하면 좋아질 거예요.

단어

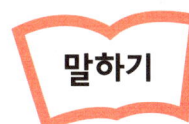

📕 p 95~97

_____에 알맞은 말을 찾아서 넣으십시오.

1 저는 오후에 커피를 마시면 밤에 <u>잠이 오</u> 지 않아요. ✓

2 어제 파티에서 노래를 많이 해서 목이 아파요. <u>목이 부었어요</u>. ✓

3 감기에 걸려서 <u>열이 나</u> 고 추워요. 두꺼운 옷이 있으면 좀 빌려 주세요. ✓

4 요즘 스트레스가 많아요. 그래서 밥을 먹어도 <u>소화가 안 돼요</u> ✓

> ✓열이 나다
> ✓목이 부었다
> 다치다
> ✓소화가 안 되다
> ✓잠이 오다

📕 p 100~101

맞는 말을 고르십시오.

1 저는 차를 타면 (멀미) | 편리 해서 차를 오래 탈 수 없어요. ✓

2 이곳은 차가 많아서 위험하니까 길을 건널 때 조용 | (조심) 하세요. ✓

3 저는 오후에 커피를 마시면 밤에 잠이 안 (와요) | 가요 . ✓

4 시끄러우니까 텔레비전을 끄지 | (켜지) 마세요. 지금 공부하고 있어요. ✓

5 저는 덥거나 조금만 운동을 해도 땀을 (흘려요) | 나요 . 그래서 자주 샤워를 해야 해요. ✓

📕 p 179~180

_____에 알맞은 말을 찾아서 넣으십시오.

→ fatigue, exhaustion.

1 피곤할 때는 잠깐 자거나 발 마사지를 하면 (피로)가 <u>풀려요</u> ✓

2 오후에 조금 잤어요. 잠깐 <u>낮잠</u> (을)를 잤어요. ✓

3 말이 너무 빨라서 알아들을 수 없어요. 좀 <u>천천히</u> 말씀해 주시겠어요? ✓

4 A 어떻게 하면 건강을 <u>지킬</u> 수 있어요? ✓

  B 매일 운동을 하세요.

> ✓지키다
> ✓천천히
> 스트레스
> ✓낮잠
> ✓풀리다

가   듣고 따라하십시오. (두 번)   🔊 💿CD 10

1 ▬▬▬▬▬

2 ▬▬▬

3 ▬▬▬▬

4 ▬▬▬

나   듣고 쓰십시오. (세 번)   ✏️ 💿CD 11

1 _____

2 _____

종합 문제

제니 씨가 아파서 미나 씨가 걱정합니다.

미나   제니 씨, 언제부터 아팠어요?

제니   1주일 전부터요. 그래서 감기 약도 먹었어요.

미나   지금은 좀 1 <u>괜찮아졌어요</u> ?

제니   아니요, 약을 2 <u>먹어도</u> 낫지 않아요. ✓

미나   그래요? 그럼 병원에 한번 가 보는 게 어때요?

제니   다른 친구들도 병원에 3 <u>가 보라고</u> 했어요. ✗

　　　내일쯤 병원에 가 보려고 해요.

미나   푹 쉬는 게 제일 좋아요. 아프면 안되니까 아무리 할 일이 4 <u>많아도</u> ✓

　　　좀 쉬세요.

> **new** 감기 약 a medicine for cold

가   알맞은 말을 쓰십시오.

1   <u>괜찮아졌어요</u>　　　　2   <u>먹어도 ✓</u>

3   <u>가 보려고 ✗</u>　　　　4   <u>많아도 ✓</u>
　　<u>가 보라고</u>

나   대답하십시오.

1 제니 씨가 언제부터 아팠어요?

　<u>제니 씨가 1주일 전부터 아팠어요 ✓</u>

2 미나 씨가 제니 씨한테 어떤 조언(advice, 助言)을 했어요? (두 개)

> **new** 조언 advice

　① <u>병원에 ^{가 보라고} 가라고 했어요</u>

　② <u>푹 쉬는 게 제일 좋아라고 했어요</u>
　?? <u>└ 푹 쉬라고 했어요 ✓</u>

What are some healthy Korean foods?

One of the healthiest foods enjoyed by Koreans is bean paste (된장).

Bean paste can be found in every Korean household. In a poll of long-lived Koreans, 90% reported that they eat bean paste regularly. Therefore, it comes as no surprise that bean paste has come to enjoy even more popularity. New research links it with slowing down the aging process and inhibiting carcinogens. As beans have always been inexpensive, easy to grow, rich in protein and more readily available than meat, bean paste has been an important staple of the Korea diet since ancient times. Bean paste is an easily produced fermented food that can be included in almost any meal, often showing up in the form of bean paste pot stew or bean paste soup.

* which foods contain beans in your country?

건강에 좋은 한국 음식을 아세요?

한국인들이 자주 먹는 음식 중에 몸에 좋은 음식이 많이 있지만, 그 중에서 대표적인 음식 하나를 알아봅시다. 한국의 모든 가정에서는 된장을 먹습니다. 장수하는 한국인들의 90% 이상이 된장을 자주 먹었다는 조사 결과가 있습니다. 또한 최근 연구에서 된장이 늙는 것과 암을 예방한다는 사실이 보고되면서 된장은 건강 식품의 대표가 되었습니다. 된장의 주재료는 콩입니다. 콩은 고기만큼 단백질이 많으면서도 구하기 쉽고 싸기 때문에 옛날부터 중요한 음식이었습니다. 콩으로 만든 된장은 여러 가지 한국 음식을 만드는 데 사용되는데 주로 된장찌개나 된장국으로 많이 먹습니다.

* 여러분 나라에서는 콩으로 어떤 음식을 만들어요?

2	를	11	이
3	가	12	를
4	에서	13	를
5	까지	14	에
6	를	15	에
7	를	16	이
8	이	17	에
9	한테	18	이
10	하고		

2 을/를 전공하다

→   저는 대학교에서 역사를 전공했어요   .

3 이/가 끝나다

→   수업이 끝나면 전화할게요   .

4 을/를 졸업하다

→   고등학교를 졸업한 다음에 두 달 동안 아르바이트를 했어요 .

5 에 들어오다

→   회사에 들어오기 전에 중국하고 일본 여행을 했어요   .

6 에 취직하다

→   좋은 회사에 취직하는 것이 어려워요   .

7 이/가 되다

→ 저는 그림 그리는 것을 좋아하니까 나중에 화가가 되고 싶어요.

6과

스페인에 가 본 적이 있으세요?

가 그림을 보고 이름을 쓰십시오.

한스 : "2년 전에 대사관에서 일했어요."

타쿠야 : "대학교에 다닐 때 스페인어를 배웠어요."

_한스_ 씨가 대사관에서 일한 적이 있어요.

타쿠야 씨가 스페인어를 배운 적이 있어요.

나 알맞은 말을 쓰십시오.

1 방송국에서 _일한_ 적이 있어요.
　　　　　　일하다

2 길에서 유명한 배우를 _만난_ ✓ 적이 있어요.
　　　　　　　　　　　만나다

3 모르는 사람한테서 이메일을 _받은_ ✓ 적이 있어요.
　　　　　　　　　　　　　받다

✪ 4 이탈리아에서 _산_ ✓ 적이 있어요.
　　　　　　　　살다

✪ 5 전에 그 음악을 _들은_ ✓ 적이 있어요.
　　　　　　　　　듣다

> - ㄴ 적이 있어요
> - 은 적이 있어요

다-1 알맞은 말로 바꾸십시오.

1 김치를 먹어 봤어요.

→ 김치를 _먹어 본 적이 있어요_ .

> - 아 본 적이 있어요
> - 어 본적이 있어요

2 한복을 입어 봤어요.

→ 한복을 <u>입어 본 적이 있어요</u> ✓ .

3 인삼차를 마셔 봤어요.

new
인삼차 ginseng tea

→ 인삼차를 <u>마셔 본 적이 있어요</u> ✓ .

다-2   대답을 쓰십시오.

-아 본 적이 없어요

-어 본적이 없어요

1 A 이탈리아에 가 봤어요?

B 아니요, <u>가 본 적이 없어요</u> .

'-아/어 본 적이 있다' conveys a meaning of having tried something in the past because '-아/어 보다' means 'to attempt something.'

2 A 동해에서 수영해 봤어요?

B 아니요, <u>수영해 본 적이 없어요</u> ✓ .

3 A 오토바이를 타 봤어요?

new
동해 the east coast
   The East Sea
오토바이 a motocycle

B 아니요, <u>타 본 적이 없어요</u> ✓ .

라   대화를 만드십시오.

1 모르는 사람과 얘기하다

A <u>모르는 사람과 얘기해 본 적이 있어요</u> ?

B <u>네, 모르는 사람과 얘기해 본 적이 있어요</u> .

The verb '보다' is not used with '-어/어 본 적이 있다' such as '봐 본 적이 있어요.'

2 혼자 여행하다

A <u>아니요, 혼자 여행해 본 적이 없어요</u> ✓ ?

B <u>네, 혼자 여행해 본 적이 있어요</u> .

⭐ **3** 한국 영화를 보다

A <u>아니요, 한국 영화를 본 적이 있어요</u> ?

B <u></u> .

마 알맞은 말을 고르십시오.

1 지갑을 ㉠ 잃어버린 적이 있어요. ✓

   ㉡ 잃어버려 본 적이 있어요.

2 옛날에 ㉠ 도둑을 맞은 적이 있어요. ✓

   ㉡ 도둑을 맞아 본 적이 있어요.

3 여행 중에 ㉠ 다친 적이 있어요. ✓

   ㉡ 다쳐 본 적이 있어요.

> **new**
> 도둑 맞다 to be robbed
> 다치다   to be hurt
> 여행 중에 while on a trip

> When expressing an experience that was either not intended or of an unwanted, unpleasant nature, such as being robbed or fainting, '-은 적이 있다' is usually used instead of '-아/어 본 적이 있다.'

바 알맞은 말을 쓰십시오.

	- ㄴ 적이 있어요 / -은 적이 있어요	-아/어 본 적이 있어요
가다	간 적이 있어요	가 본 적이 있어요
읽다	읽은 적이 있어요	읽어 본 적이 있어요
하다	한 적이 있어요	해 본 적이 있어요
㉤ 쓰다	쓴 적이 있어요	써 본 적이 있어요
㉢ 듣다	들은 적이 있어요	들어 본 적이 있어요
㉣ 살다	산 적이 있어요	살아 본 적이 있어요
㉥ 부르다	부른 적이 있어요	불러 본 적이 있어요

사 '아/어 본 적이 있다'를 써서 대화를 완성해 보십시오.

완   히로미 씨, 번지 점프를 __해 본 적이 있어요__ ?

히로미 네, 호주에서 여행할 때 해 봤어요.

완   무섭지 않았어요?

히로미 처음에는 무서웠어요. 그런데 뛰어내릴 때는 정말 기분이 좋았어요.

     완 씨도 나중에 한번 해 보세요.

문법 | -도 …… -도

SB p 111　별책 p 17

가 사진을 보고 알맞은 말을 고르십시오.

쉬는 시간에 파울로 씨가 뭐 해요?

㉠ 음악도 듣고 책도 읽어요.

㉡ 음악도 듣고 사진도 찍어요. ✓

나 알맞은 말을 쓰십시오.

-도 …… -도

1 요즘 리엔 씨가 바빠요. 그리고 요즘 민수 씨가 바빠요.

→ 요즘 리엔 씨 __도__ 바쁘고 민수 씨 __도__ 바빠요.

2 영어가 재미있어요. 그리고 일본어가 재미있어요.

→ 영어 __도__ 재미있고 일본어 __도__ 재미있어요.

3 앤디 씨가 축구를 잘 해요. 그리고 농구를 잘 해요.

→ 앤디 씨가 축구 __도__ 잘 하고 농구 __도__ 잘 해요.

다 알맞은 말을 쓰십시오.

1 하숙비가 싸요. 그리고 방이 커요.

→ 하숙비 __도__ 싸고 방 __도__ 커요.

2 하숙집 아주머니가 친절해요. 그리고 하숙집 음식이 맛있어요.

→ 하숙집 아주머니 __도__ 친절하고 하숙집 음식 __도__ 맛있어요.

3 주말에 영화를 봐요. 그리고 운동을 해요.

→ 주말에 영화 __도__ 보고 운동 __도__ 해요.

라 대답을 쓰시오.

1 A 태국에 가면 뭐가 좋아요?

   B _____ 경치도 좋고 음식도 맛있어요 _____ .
   경치가 좋다 / 음식이 맛있다

2 A 일본에 가면 뭐가 좋아요?

   B 교통도 편리하고 사람들도 친절해요 ✓ _____ .
   교통이 편리하다 / 사람들이 친절하다

3 A 캐나다에 가면 뭐가 좋아요?

   B 스키도 탈 수 있고 골프도 칠 수 있어요 ✓ _____ .
   스키를 탈 수 있다 / 골프를 칠 수 있다

4 A 호주에 가면 뭐가 좋아요?

   B 번지 점프도 할 수 있고 바다에서 수영을도 할 수 있어요 ✓ _____ .
   번지 점프를 할 수 있다 / 바다에서 수영을 할 수 있다

마 '-도 ...... -도'를 써서 대화를 완성해 보십시오.

앤디 소라 씨 생일 파티에 갔어요?

현우 네. 갔어요.

앤디 어땠어요?

현우 사람들 **1** 도 **2** 친절하 _____ 고 맛있는 음식 **3** 도

  4 많아 _____ 서 좋았어요.

  앤디 씨는 왜 안 왔어요?

앤디 중요한 약속이 있어서 못 갔어요. 나중에 소라 씨 하고 한번 식사하려고 해요.

단어 | _____ 에 알맞은 말을 찾아서 넣으십시오.

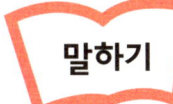 말하기   📕 p 112~114

1 산에 가면 나무가 많아요. 그래서 _공기_ 이/가 좋아요. ✓

2 일본은 다른 나라보다 물건 값이 비싸요. _물가_ 이/가 비싸요. ✓

3 외국에 가려면 _여권_ ✓ 이/가 필요해요. 그러니까 처음 외국에 가는 사람은
_여권_ 을/를 만들어야 해요. ✓

4 여름 방학 때 친구들하고 동해에 갔어요. _바닷가_ ✓ 에서 놀고 시원한 바다에
서 수영도 했어요.

5 아이스크림을 너무 많이 먹어서 _배탈_ ✓ 이/가 났어요.

여권 ✓
공기 ✓
물가 ✓
배탈 ✓
도둑
바닷가 ✓

📕 읽고 말하기   📕 p 117~118

1 제니 씨가 영화 보는 것을 좋아해서 _자주_ ✓ 영화 보러 가요.

2 이 과자가 아주 맛있어요. 가게에서 사지 않고 어머니가 _직접_ ✓ 만드셔서
더 맛있어요.

3 한복은 한국 _전통_ ✓ 옷이에요.

4 어제 탈춤을 배웠어요. 탈춤을 배울 때에는 재미있었지만 오늘은 _팔다리_ ✓
이/가 많이 아파요.

5 강원도를 여행할 때 돈이 별로 없었어요.
그래서 호텔에서 자지 않고 _민박_ 을/를 했어요. ✓

직접 ✓
팔다리 ✓
민박 ✓
도자기
전통 ✓
자주 ✓

듣고 말하기  p 180

1 어제 집에 갈 때 우유를 사려고 슈퍼마켓에 잠깐 들렀어요 ✓ .

2 회를 먹고 싶으면 바닷가에 가세요.

　거기에 가면 신선한 ✓ 회를 먹을 수 있어요.

3 제주도는 아름다운 섬 ✓ 이에요. 경치가 아름답고

　바닷가가 깨끗해서 한국 사람들이 가장 좋아하는 장소예요.

4 저는 걷거나 자전거를 타고 다녀요.

　왜냐하면 차를 타면 멀미 ✓ 을/를 해요.

5 제니 : 방학 때 어디로 여행 가실 거예요?

　소라 : 여행 장소를 아직 못 정했어요 ✓ . 좋은 곳을 알면 추천해 주세요.

6 서울은 600년 전에 수도가 되었어요.

　역사 이/가 오래된 도시예요.

정하다 ✓
멀미 ✓
들르다
섬
신선하다
역사 ✓

to drop by

new 수도　a capital city

발음

가 듣고 따라하십시오. (두 번) ◉CD 12

1
2
3
4

나 듣고 쓰십시오. (세 번) ◉CD 13

1

2

4과 쉬어 가기 (p66) 정답

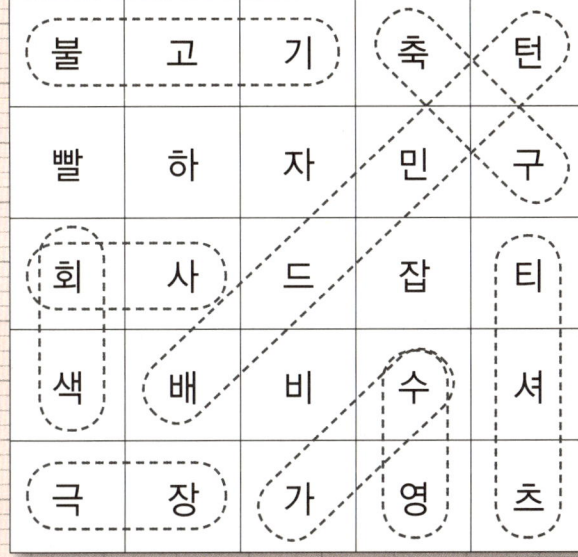

불	고	기	축	턴
빨	하	자	민	구
회	사	드	잡	티
색	배	비	수	셔
극	장	가	영	츠

1 불고기
2 배드민턴
3 회색 ✓
4 축구 ✓
5 회사 ✓
6 극장 ✓
7 가수 ✓
8 수영 ✓
9 티셔츠 ✓

한스 씨 동료가 한스 씨 휴가 계획을 물어봅니다.

동료 한스 씨, 휴가 때 여행 가실 거예요?

한스 네. 울릉도에 가려고 해요. 울릉도에 **1** _____ 있어요?

동료 네. 한 번 가 봤어요.

한스 어땠어요?

동료 공기도 깨끗하고 경치도 아름다워서 좋았어요. 저는 특히 산이 좋았어요.

한스 음식은 어땠어요?

동료 신선한 오징어 회를 많이 먹었어요. 한스 씨, 오징어 회를 **2** _____ 있어요?

한스 아니요. 아직 먹어 본 적이 없어요.

동료 그럼, 울릉도에서 꼭 드셔 보세요. 서울에서 먹는 것보다 훨씬 맛있어요.

한스 네, 그럴게요.

new 동료 a collegue
특히 especially

가 알맞은 말을 쓰십시오.

1 _____   **2** _____

나 대답하십시오.

1 한스 씨 동료는 울릉도 여행에서 뭐가 좋았다고 했어요?

_____ .

2 한스 씨 동료는 울릉도에서 먹은 회가 어땠다고 했어요?

_____ .

알맞은 말을 쓰십시오.

1 으 불규칙

① 요즘 회사에 일이 많아서 너무 바빠요 . (바쁘다)

② 어젯밤에 하나도 못 잤어요. 그래서 머리가 아파요 . (아프다)

2 르 불규칙

① 출근 시간에는 자동차보다 지하철이 더 빨라요 . (빠르다)

② 밥을 먹은 다음에 배가 불러 서 산책을 했어요. (부르다)

3 ㄷ 불규칙

① 걷는 것이 건강에 좋다고 해서 하루에 30분씩 공원에서 걸어요 . (걷다)

② 다른 사람이 이야기할 때 잘 들어요 어야 해요. (듣다)

4 ㅂ 불규칙

① 제주도는 경치가 아름다운 섬이에요. (아름답다)

② [겨울] 지난 주말에 날씨가 너무 추워 서 집에 있었어요. (춥다)

5 ㄹ 불규칙

① [여름] 더우면 창문을 여 세요. (열다)

② 한국 요리 중에서 김치찌개를 만들 줄 알아요. (만들다) ?

6 ㅅ 불규칙

① 감기가 다 나으 면 같이 운동합시다. (낫다)

✿② 감기에 걸려서 목이 많이 부었에 요. (붓다)

목이 아파서 지금 식사를 할 수 없어요.

다음을 이용해서 문장을 만드십시오.

1 쓰다 + -아/어요 → <u>책에 이름을 썼어요?</u>

2 놀다 + -을 때 →

3 힘들다 + -으니까 →

4 듣다 + -습니다 →

5 부르다 + -아/어서 →

6 낫다 + -으면 →

7 어렵다 + -아/어도 →

7과

축하합니다. 기쁘시겠어요

가 줄을 그으십시오.

1 한스 씨가 왜 기분이 좋은지 아세요? 　　　　네, 목이 부었다고 해요. ✓

2 소라 씨가 어디가 아픈지 아세요? 　　　　네, 시험을 잘 봤어요. ✓

나 한 문장으로 쓰십시오.

1 한국 가수 중에서 누가 유명해요? 아세요?

　→ 한국 가수 중에서 누가 ___유명한지___ 아세요?

2 한국에서 어느 산이 제일 높아요? 아세요?

　→ 한국에서 어느 산이 제일 ___높은지 ✓___ 아세요?

⭐ 3 한국에서 몇 월이 제일 추워요? 아세요?

　→ 한국에서 몇 월이 제일 ___추운지 ✓___ 아세요?

> - ㄴ지 알다
> - 은지 알다

> 몇 월 [며뒬]

다 한 문장으로 쓰십시오.

1 이게 누구 모자예요? 아세요?

　→ 이게 누구 ___모자인지___ 아세요?

2 그게 누구 책이에요? 아세요?

　→ 그게 누구 ___책인지 ✓___ 아세요?

3 제니 씨 생일이 언제예요? 아세요?

　→ 제니 씨 생일이 ___언제인지 ✓___ 아세요?

> - 인지 알다

라 알맞은 말을 쓰십시오.

	- ㄴ지 알다 / -은지 알다
필요하다	필요한지 ✓
좋다	좋은지 ✓
ㄹ 멀다	먼지 ✓
ㅂ 춥다	추운지 ✓
★ 재미있다	재미있는지 ~~재미있은지~~

마 질문을 만드십시오.

1 A 히로미 씨가 어디가 아픈지 아세요 ?

 B 네, 히로미 씨가 머리가 아프다고 했어요.

2 A 투안 씨의 전화번호가 ~~뭐가~~ 아세요 ? 몇 번인지

 B 네, 투안 씨 전화번호가 011-248-5293이에요.

3 A 그분 누군지 아세요 ✓ ?

 B 네, 저분이 앤디 씨예요. 우리 반 학생이에요.

바 '-은지'를 써서 대화를 완성해 보십시오.

앤디 제니 씨, 제가 이번 주말에 한국 친구 집에 가요. 저녁 식사 초대를 받았어요.

제니 그래요?

앤디 그런데, 제니 씨, 한국 사람 집에 갈 때 보통 무슨 선물을 해요?
 어떤 선물이 좋은지 아세요?

제니 음……. 보통 음식을 가지고 가는 것 같아요. 과일이나 케이크 어떨까요?

앤디 알겠어요. 감사합니다.

가 **줄을 그으십시오.**

1 앤디 씨가 어디에 있는지 아세요? 　　　　　　네, 물냉면을 좋아해요.

2 서울랜드에 어떻게 가는지 아세요? 　　　　　네, 컴퓨터실에 있어요. ✓

3 미나 씨가 어떤 음식을 좋아하는지 아세요? 　　　네, 지하철 4호선을 타면 돼요.

나 **알맞은 말을 쓰십시오.**

1 A 데니 씨가 <u>무슨 일 하는지 아세요</u> ?
　　　　　　무슨 일 해요?

　B 네, 컴퓨터 회사에 다녀요.

-는지 알다

2 A 미나 씨가 <u>왜 화를 내는지 아세요 ✓</u> ?
　　　　　왜 화를 내요?

　B 네, 앤디 씨가 약속 시간에 늦어서 그래요.

3 A 제니 씨가 <u>무슨 책을 읽는지 아세요 ✓</u> ?
　　　　　무슨 책을 읽어요?

　B 글쎄요. 제니 씨한테 직접 물어보세요.

4 A 히로미 씨가 지금 <u>뭐 하고 있는지 아세요 ✓</u> ?
　　　　　　뭐 하고 있어요?

　B 잘 모르겠어요.

❂ 5 A 지훈 씨가 수요일 아침에 <u>무슨 수업을 듣는지 아세요 ✓</u> ?
　　　　　　　무슨 수업을 들어요?

　B 영어 수업을 들어요.

⭐ 다 알맞은 말을 쓰십시오.

1 A 수잔 씨가 어디에 _____사는지_____ 아세요?

B 네, 일산에 살아요.

2 A 완 씨가 지금 뭐 _만드는지_ ✓ 아세요?

B 네, 잡채를 만들어요.

3 A 저 아이가 왜 _우는지_ ✓ 아세요?

B 네, 형하고 싸워서 울어요.

라 알맞은 말을 쓰십시오. [과거]

1 지훈 씨가 어제 어디에 _____갔는지_____ 아세요?
　　　　　　　　　　　　가다

2 지훈 씨가 지난 방학에 어디를 _여행했는지_ ✓ 아세요?
　　　　　　　　　　　　　여행하다

3 지훈 씨가 어제 어디에서 가방을 도둑 _맞았는지_ ✓ 아세요?
　　　　　　　　　　　　　　　　　맞다

> - 았는지 알다
> - 었는지 알다

마 질문을 만드십시오.

1 A 데니 씨가 어느 회사에 _____들어갔는지_____ 아세요?

B 네, 컴퓨터 회사에 들어갔어요.

3 A 파울로 씨가 왜 여자 친구하고 _헤어졌는지_ ✓_아세요_?

B 네, 성격이 안 맞아서 헤어졌어요.

4 A 어제 저녁 때 타쿠야 씨가 어디에 _있었는지_ ✓_아세요_ ?

B 네, 하숙집에 있었어요.

바 대답을 쓰십시오.

1 A 수잔 씨가 요즘 왜 학교에 안 나와요?

  B 　수잔 씨가 왜 학교에 안 나오는지　 몰라요.

2 A 미나 씨가 무슨 색을 좋아해요?

  B 미나 씨가 무슨 색을 좋아하는지 ✓ 몰라요.

✪ 3 A 제니 씨가 무슨 음식을 만들어요?

  B 제니 씨가 무슨 음식을 만드는지 ✗ 몰라요.

4 A 이리나 씨가 몇 시에 갔어요?

  B 이리나 씨가 몇 시에 갔는지 ✓ 몰라요.

사 알맞은 말을 쓰십시오.

동사		
	현재 (present tense)	과거 (past tense)
가다	가는지	갔는지
먹다	먹는지	먹었는지
쓰다	쓰는지	썼는지
㉢ 듣다	듣는지	들었는지
㉣ 살다	사는지	살았는지
㉤ 부르다	부르는지	불렀는지

형용사		
	현재 (present tense)	과거 (past tense)
유명하다	유명한지	유명했는지
좋다	좋은지	좋았는지

아 질문을 만드십시오.

이름	마이클
나라	미국
나이	29살
직업	회사원
주소	서울시 마포구 성산동 5-1
취미	농구

1 A ___미나 씨 왼쪽에 있는 분이 누구인지 아세요___ ?

B 네, 마이클 씨예요.

2 A ___어느 나라 사람인지___ 아세요 ?

B 네, 미국 사람이에요.

✪ 3 A 어디에 ___사는지___ 아세요 ?

B 네, 성산동에 살아요.

자 **'-는지'**를 써서 대화를 완성해 보십시오.

완 수잔 씨가 다음 달에 결혼한다고 해요.

한스 그래요? 와! 좋겠어요. 그런데 누구하고 1 **결혼하는지** 아세요?

완 네, 회사 동료하고 결혼한다고 해요.

한스 그렇군요. 어디에서 처음 2 **만났는지** 아세요?

완 회사 파티에서 만났다고 해요.

문법 | -겠-

SB p 127 별책 p 18

가 알맞은 말을 고르십시오.

수잔 씨가 다음 달에 결혼한다고 해요.
와! ㄱ .

㉠ 좋겠어요　　㉡ 멋있었어요

㉢ 좋지 않아요　　㉣ 심심해요

나 알맞은 말을 쓰십시오.

-겠어요

1 A 제가 스파게티를 만들었으니까 좀 드세요.

B 와! 맛있겠어요 .
맛있다

2 A 저 영화에 유명한 배우가 많이 나와요.

B 그럼, 사람들이 저 영화를 많이 보겠어요 ✓ .
보다

3 A 이 시간에는 교통이 복잡해요.

B 버스로 가면 시간이 많이 걸리겠어요 ✓ . 지하철로 가요!
걸리다

4 A 밖에 바람이 많이 불어요.

B 그래요? 밖에 나가면 <u>춥겠어요 ✓</u>.
_{춥다}

다 **알맞은 말을 쓰십시오.** [존댓말]

1 A 다음 주에 새 집으로 이사해요.

B 와! <u>좋으시겠어요</u>.
_{좋다}

2 A 좋은 회사에 취직했어요.

B 축하합니다! <u>기쁘시겠어요 ✓</u>.
_{기쁘다}

3 A 다음 달에 결혼해요.

B 축하합니다. 정말 <u>행복하시겠어요 ✓</u>.
_{행복하다}

4 A 요즘 일이 많아서 매일 늦게 퇴근해요.

✪ B <u>힘드시겠어요</u>.
_{힘들다}

> - 시겠어요
> - 으시겠어요

> 🆕 취직하다 to get a job

라 **알맞은 말을 쓰십시오.**

[존댓말]

	- 겠어요	- 시겠어요 / - 으시겠어요
행복하다	행복하겠어요	행복하시겠어요
좋다	좋겠어요	좋으시겠어요
기쁘다	기쁘겠어요	기쁘시겠어요
마음이 아프다	마음이 아프겠어요	마음이 아프시겠어요
ㄹ 힘들다	힘들겠어요	힘드시겠어요

마 **알맞은 말을 골라서 쓰십시오.**

1 민수 시험이 다 끝났어요.

앤디 ___마음이 가벼우시겠어요___ .

2 소라 어젯밤에 하나도 못 잤어요.

앤디 그래요? 피곤하시겠어요 ✓ .

3 현우 제 동생이 교통사고가 났어요.

앤디 걱정되시겠어요 ✓ .

4 윤희 회사에 취직했어요.

앤디 축하합니다. 좋으시겠어요 .

> ✓ 걱정되다
> 좋다
> ✓ 피곤하다
> ✓ 마음이 가볍다

바 **'-겠어요'를 써서 대화를 완성해 보십시오.**

미나 투안 씨, 잘 지내요?

투안 다음 달에 취직 시험이 있어요. 그래서 요즘 바빠요.

미나 그래요? 힘드시겠어요 .

투안 네, 좀 힘들어요. 취직하면 제가 한턱 낼게요. 그때 식사 한번 해요.

미나 좋아요. 힘 내세요. 투안 씨.

> new 힘 내세요. Cheer up!

단어

말하기 📖 p 128~130

알맞은 말을 찾아서 쓰십시오.

1 회사에서 높은 자리로 올라가요. → 승진해요 ✓

2 회사에 들어가요. → 취직해요 ✓

3 '아프다'의 존댓말이에요. → 편찮으세요 ✓

4 아파서 병원에 살아요. → 입원해요 ✓

7과

> ✓ 편찮으세요
> ✓ 입원해요
> ✓ 승진해요
> ✓ 취직해요
>   약혼해요

읽고 말하기 📖 p 134~135

맞는 말을 고르십시오.

1 세수할 때 [(비누) | 휴지] 를 사용해요. 이것이 없으면 깨끗하게 씻을 수 없어요.

2 오늘은 제 동생 세 번째 생일이에요. 동생이 3년 전에 [나왔어요 | (태어났어요)].

3 이모는 어머니의 언니나 여자 동생을 [(뜻해요) | 같아요].

4 여행을 가고 싶지만 돈이 없어요. 그래서 이번 여름에 돈을 [벌려고 | (팔려고)] 해요.

5 새로 이사한 사람이 친구들을 집에 초대해서 [돌잔치 | (집들이)] 를 해요.

듣고 말하기 📖 p 180

> new
> 씻다 to wash

맞는 말을 고르십시오.

1 첫 번째 [어른 | (아기)] 생일 산치를 돌잔치라고 불러요.

2 아이 생일이라서 백화점에 가서 [(장난감) | 금반지] 비행기를 샀어요.

3 숙제를 한 사람은 선생님 책상 위에 숙제를 [(놓으세요) | ~~넣으세요~~].

4 돌잔치 때 아기 [실 | (상)] 위에 여러 가지 물건들이 있어요.

5 게임 방법을 설명해 드릴게요. 앞에 있는 카드 중에서 한 장을 [(집으세요) | 버리세요].
그리고 그 카드 내용을 읽으세요.

발음

가 듣고 따라하십시오. (두 번) CD 14

1
2
3
4
5

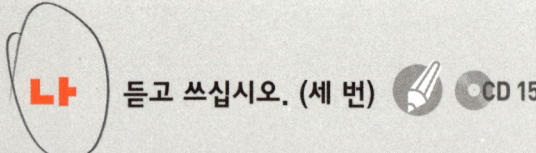

나 듣고 쓰십시오. (세 번) CD 15

1 _____

2 _____

종합 문제

한스 씨가 돌잔치에 초대 받았습니다.

한스 리엔 씨, 회사 동료가 아기 돌잔치에 초대 했어요. 돌잔치 때 무슨 선물

1 _____ ㅎ ㄴ ㅈ _____ 아세요?

리엔 보통 금반지를 선물해요. 요즘은 장난감도 많이 한다고 들었어요.

그런데 어디에서 돌잔치를 해요?

한스 일산 킨텍스에서 해요.

리엔 킨텍스요? 거기 아주 멀어요. 어떻게 갈 거예요?

한스 일산까지 버스로 간 다음에 거기에서 택시로 가려고 해요. 그런데 가 본 적이 없어서

걱정돼요.

리엔 돌잔치가 몇 시에 시작해요?

한스 2시예요.

리엔 아이구! 토요일 오후면 정말 복잡할 거예요. 한스 씨, **2** _____ ㅎ ㄷ ㄱ ㅇ ㅇ _____.

한스 괜찮아요. 친한 동료가 초대했으니까 꼭 가고 싶어요.

new 일산 킨텍스 Ilsan Kintex

가 **알맞은 말을 쓰십시오.**

1 _____   2 _____

나 **대답하십시오.**

1 돌잔치에 갈 때 요즘은 어떤 선물을 한다고 했어요?

_____.

2 리엔 씨가 한스 씨한테 왜 힘들겠다고 했어요?

_____.

When do we have to use the formal polite form?

In situations where formality must be observed, such as being interviewed for a job, the formal polite speech form '-습니다' should be used. Making a presentation to a large group of people that one does not know is another formal circumstance in which the '-습니다' form should be used. This form is also used in the military, where ranks and grades are clearly evident.

In situations that call for formality, especially in cases such as expressing respect towards a superior in one's company or people that are senior to oneself in terms of age, '-으십니다' should be used. One should also use '-으십니다' when the listener's social position is high or when one is not familiar with the listener.

* Does your language include different ways of speaking to the listener depending on your relation to him or her?

언제 격식체로 말해야 해요?

회사 면접을 볼 때와 같은 공식적인 자리에서는 '습니다'라는 격식적인 표현법을 써야 합니다. 많은 사람들 앞에서 발표를 할 때도 '습니다'를 사용해야 합니다. 이 표현법은 공식적인 자리, 직장에서뿐만 아니라 군대에서도 사용합니다.

그런데 직장 상사나 나이가 많은 사람에게 존경을 표현할 때는 '-으십니다'를 써야 합니다. 듣는 사람의 사회적 계급이 높거나 듣는 사람과 친하지 않을 때도 '-으십니다'를 씁니다.

_____ 씨 나라에서도 상대방과의 관계에 따라서 말하는 방법이 달라요?

8과

면접 잘 하셨습니까?

문법 | 격식체 (formal polite speech)

SB p 144 별책 p 19

가 그림에 알맞은 말을 고르십시오.

공연 봤어요.

네, 말씀하십시오.

㉠ 주말에 뭐 했어요?

㉡ 질문 있습니다.

나 격식체로 바꾸십시오. [현재]

1 한스 씨는 회사원 <u>입니다</u> .
이다

2 매일 수업 후에 회사에 <u>갑니다</u> .
가다

3 보통 3시에 회의를 <u>합니다</u> .
하다

4 회의 시간에 사장님 말씀을 <u>듣습니다</u> .
듣다

❀ 5 한스 씨는 회사 근처 아파트에 <u>삽니다</u> .
살다

6 토요일에는 회사에 <u>가지 않습니다</u> .
가지 않다

- ㅂ니다

- 습니다

다 **격식체로 바꾸십시오.** [과거]

리엔 씨가 자기소개를 합니다.

1 저는 중국에서 ___왔습니다___.
　　　　　　오다

2 중국 베이징에서 살았습니다.
　　　　　　　　살다

3 고등학생 때부터 한국 영화를 좋아했습니다.
　　　　　　　　　　　　　　좋아하다

4 베이징 대학교를 2년 다녔습니다.
　　　　　　　　　　다니다

✪ 라 **격식체 과거로 바꾸십시오.** [과거]

1 수잔 씨가 지난주에 많이 ___바빴습니다___.
　　　　　　　　　　　바쁘다

2 하지만 일을 다 끝내서 주말에는 마음이 가벼웠습니다.
　　　　　　　　　　　　　　　　　가볍다

3 토요일 아침에 어머니께 메일을 썼습니다.
　　　　　　　　　　　　　　쓰다

4 메일을 보낸 다음에 음악을 들었습니다. ✓
　　　　　　　　　　　　　듣다

마 **격식체로 바꾸십시오.** [미래]

1 오늘 퇴근 후에 ___수영할 겁니다___.
　　　　　　수영하다

2 친구 집에서 저녁을 먹을 겁니다.
　　　　　　　　먹다

✪ 3 친구가 한국 음식을 만들 겁니다.
　　　　　　　　　만들다

✪ 4 내일은 소풍 가서 많이 걸을 겁니다.
　　　　　　　　　　걷다

나 알맞은 말을 쓰십시오.

	현재 (present tense)	과거 (past tense)	미래 (future tense)
	- ㅂ니다 / 습니다	- 았 / 었습니다	- ㄹ 겁니다 / - 을 겁니다
가다	갑니다	갔습니다	갈 겁니다
읽다	읽습니다	읽었습니다	읽을 겁니다
㉤ 바쁘다	바쁩니다	바빴습니다	바쁠 겁니다
㉢ 듣다	듣습니다	들었습니다	들을 겁니다
㉣ 만들다	만듭니다	만들었습니다	만들 겁니다
㉥ 춥다	춥니다	추웠습니다	추울 겁니다
㉦ 낫다	낫습니다	나았습니다	나을 겁니다
㉧ 모르다	모릅니다	몰랐습니다	모를 겁니다

ㅅ 불규칙 → Supplementary book p 26
감기가 낫다 – 나아요 – 나았어요
목이 붓다 – 부어요 – 부었어요
집을 짓다 – 지어요 – 지었어요

사 격식체로 질문하십시오. [질문]

- ㅂ니까?
- 습니까?

1 **A** 사무실 분위기가 좋습니까?

  B 네, 좋습니다.

2 **A** 사무실이 몇 층에 <u>있습니까</u> ?

  B 7층에 있습니다.

⭐ 3 **A** 한스 씨 회사가 학교에서 <u>멉니까</u> ?

  B 네, 멉니다.

4 **A** 언제부터 그 학교에 <u>다녔습니까</u> ?

  B 여섯 달 전부터 그 학교에 다녔습니다.

5 **A** 오늘 몇 시에 <u>퇴근합니까</u> ?

  B 7시에 퇴근할 겁니다.

past tense   - 았/었습니까?
future tense   - 을 겁니까?

아 격식체로 대답하십시오.

[수잔 씨 동료가 수잔 씨한테 생활에 대해서 물어 봅니다.]

1 A 수잔 씨는 어디에서 한국어를 배웁니까?

  B 서강대학교에서 한국어를 _____배웁니다_____.

2 A 언제부터 배웠습니까?

  B 일곱 달 전부터 _배웠습니다_____.

3 A 한국어를 배울 때 뭐가 재미있습니까?

  B 문화를 배우는 것이 _재미있습니다_____.

4 A 이번 휴가 때 여행 갈 겁니까?

  B 네, 태국에 _갈 겁니다_____.

✪ 5 A 회사 생활이 힘듭니까?

  B 아니요, 힘들지 _않습니다_____.

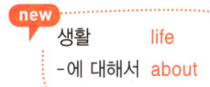

new
생활   life
-에 대해서   about

자 격식체를 써서 대화를 완성하십시오.

영호   오늘 날씨가 좋습니다.

동료   네, 그런데 오후에 **1** _비가 올 겁니다_____.

  그래서 우산을 가지고 왔습니다.

영호   그럼, 미안하지만, 퇴근할 때 비가 오면 지하철역까지 같이 가 줄 수 **2** _있습니까_?

동료   좋습니다.

문법 | 격식체 존댓말
(formal polite speech – honorific form)

 p 145 p 19

가 알맞은 말을 고르십시오.

- ✓ ㉠ 언제 한국에 오셨습니까?
- ㉡ 김영호 씨를 만나셨습니까?
- ㉢ 내일 저녁때 시간 괜찮으십니까?
- ㉣ 요즘 바쁘십니까?

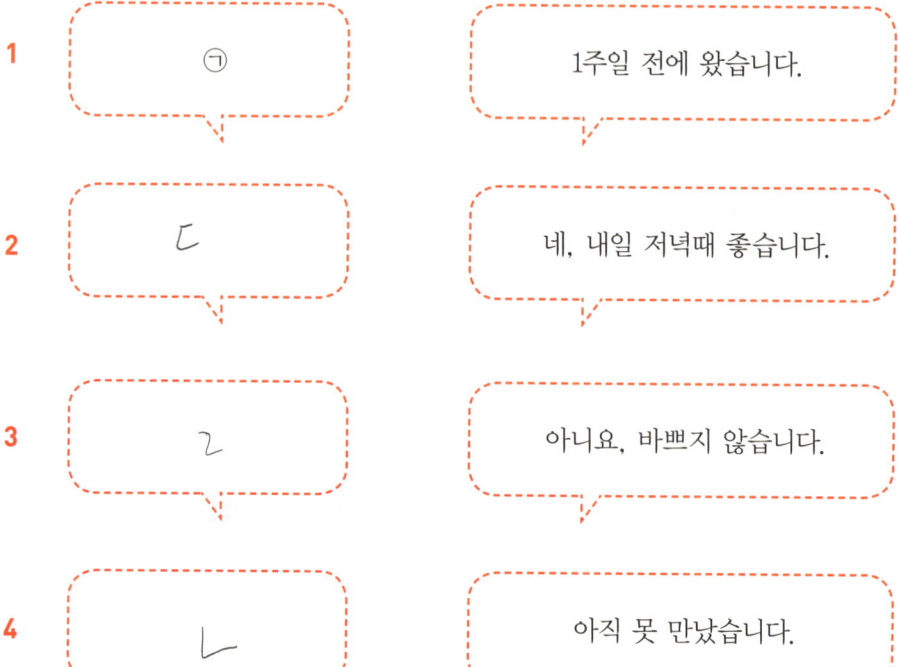

1. ㉠ — 1주일 전에 왔습니다.

2. ㉢ — 네, 내일 저녁때 좋습니다.

3. ㉣ — 아니요, 바쁘지 않습니다.

4. ㉡ — 아직 못 만났습니다.

나 **격식체 존댓말로 바꾸십시오.** [현재]

1 사장님께서 회사에 일찍 <u>오십니다</u>.
　　　　　　　　　　　오다

2 사장님께서 회사에서 신문을 <u>읽으십니다</u>.
　　　　　　　　　　　　　　읽다

3 사장님께서 오늘 기분이 <u>좋으십니다</u>.
　　　　　　　　　　　　좋다

4. 사장님 연세가 예순 둘 <u>이십니다</u>.
　　　　　　　　　　　이다

- 십니다
- 으십니다

'-께서' is the honorific form of '-이/가'.

8과

다 **격식체 존댓말로 바꾸십시오.** [현재]

1 사장님께서 회의실에 <u>계십니다</u>.
　　　　　　　　　　있다

2 사장님께서 커피를 <u>드십니다</u>.
　　　　　　　　　마시다

3 사장님께서 아침을 안 <u>드십니다</u>.
　　　　　　　　　　　먹다

4 사장님께서 점심식사 후에 낮잠을 <u>주무십니다</u>.
　　　　　　　　　　　　　　　자다

5 사장님께서 회의 시간에 많이 <u>말씀하십니다</u>.
　　　　　　　　　　　　　　말하다

6 사장님께서 매일 한 시간씩 <u>걸으십니다</u>.
　　　　　　　　　　　　　걷다

7 사장님께서 한국 문화에 대해서 잘 <u>아십니다</u>.
　　　　　　　　　　　　　　　알다

- 십니다
- 이십니다

라 **격식체 존댓말로 질문하십시오.**

1 A ＿＿＿＿ 몇 시에 출근하십니까 ＿＿＿＿?

   B 2시에 출근합니다.

2 A 매일 신문을 읽으십니까 ＿＿＿＿?

   B 네, 읽습니다.

⭐ 3 A 지금 어디에 계십니까 ＿＿＿＿?

   B 회사에 있습니다.

⭐ 4 A 펜 있으십니까 ＿＿＿＿?

   B 네, 여기 있습니다.

⭐ 5 A 회사 근처에서 삽십니까 ＿＿＿＿?

   B 네, 회사 근처에서 삽니다.

> - 십니까?
> - 으십니까?

> When referring to the location of a person, the honorific form of '있다' is '계시다'. However, when referring to the possession of a person, the honorific form of '있다' is '있으시다'.

마 **격식체 존댓말로 바꾸십시오.** [과거]

> - 셨습니다
> - 으셨습니다

제가

1 일찍 일어났습니다.

2 창문을 열었습니다.

3 창문 옆에 앉았습니다.

할아버지께서

1 일찍 ＿＿＿ 일어나셨습니다 ＿＿＿.

⭐ 2 창문을 ＿＿＿ 열어셨습니다 ＿＿＿.

3 창문 옆에 ＿＿＿ 앉아셨습니다 ＿＿＿.

바 격식체 존댓말로 질문하십시오. [과거]

- 셨습니까?

- 으셨습니까?

8과

1 A 은행에서 돈을 _찾으셨습니까_ ?

  B 네, 돈을 찾았습니다.

⭐ 2 A 어제 많이 _바빠셨습니까_ ?

  B 네, 바빴습니다.

⭐ 3 A 어제 몇 시에 _주무셨습니까_ ?

  B 12시에 잤습니다.

사 격식체 존댓말로 바꾸십시오. [미래]

- 실 겁니다

- 으실 겁니다

1 사장님께서 30분쯤 후에 _들어오실 겁니다_ .
   들어오다

⭐ 2 사장님께서 7시에 저녁을 _드실 겁니다_ .
   먹다

⭐ 3 사장님께서 회의에 대해서 _말씀하실 겁니다_ .
   말하다

아 격식체 존댓말로 질문을 만드십시오. [미래]

- 실 겁니까?

- 으실 겁니까?

1 A 휴가 때 뭐 _하실 겁니까_ ?

  B 여행 갈 겁니다.

2 A 언제 _가실 겁니까_ ?

  B 이번 토요일에 갈 겁니다.

3 A 사진을 _찍으실 겁니까_ ?

  B 아니요, 안 찍을 겁니다.

자 알맞은 말을 쓰십시오.

	현재 (present tense)	과거 (past tense)	미래 (future tense)
	-십니다 / -으십니다	-셨습니다 / -으셨습니다	-실 겁니다 / -으실 겁니다
가다	가십니다	가셨습니다	가실 겁니다
일하다	일하십니다	일하셨습니다	일하실 겁니다
있다 (existence)	계십니다	계셨습니다	계실 겁니다
있다 (possession)	있으십니다	있으셨습니다	있으실 겁니다
바쁘다	바쁘십니다	바쁘셨습니다	바쁘실 겁니다
ⓒ 듣다	들읍시다? / 들으십니다	들으셨습니다.	들으실 겁니다

차 ⟨격식체 존댓말로 바꾸십시오.⟩ [지시, 부탁]

1 앉으세요. → 앉으십시오.
2 안녕히 가세요. → 안녕히 가십시오
3 이거 받으세요. → 이거 받으십시오
4 기다려 주세요. → 기다려 주십시오
5 잘 들으세요. → 잘 들으십시오

> - 십시오
> - 으십시오

new 지시 an instruction, a command

카 알맞은 말을 쓰십시오.

	-십시오 / -으십시오	-지 마십시오
가다	가십시오	가지 마십시오
읽다	읽으십시오	읽지 마십시오
ⓒ 듣다	들으십시오	듣지 마십시오
ⓔ 열다	여십시오	열지 마십시오

타 **격식체 존대말**을 써서 대화를 완성해 보십시오.

데니 씨가 회사 면접 시험을 봅니다.

데니 안녕하십니까? 데니 김입니다.

면접관 여기 **1** _____.

데니 감사합니다.

면접관 데니 씨는 언제 한국에 **2** _____?

데니 1년 전에 왔습니다.

면접관 왜 우리 회사에서 일하려고 하십니까?

데니 회사 이미지가 좋아서 여기에서 일하고 싶습니다.

면접관 한국 회사에서 일한 경험이 **3** _____?

데니 네. 6개월 동안 일한 적이 있습니다.

면접관 알겠습니다. 내일 연락을 드리겠습니다. 수고하셨습니다.

데니 감사합니다.

가 이름을 쓰십시오.

돈 빌려줄 수 있어요?

한스

수잔 씨한테 전화했어요?

건우

뭐라고 했어요?

1 <u>한스</u>　　　 씨가 돈 빌려줄 수 있냐고 했어요.

2 <u>건우</u>　　　 씨가 수잔 씨한테 전화했냐고 했어요.

나 간접화법으로 바꾸십시오.

-냐고 했어요

✪ 1 제니 "무슨 음악을 들어요?"

→ 제니 씨가 무슨 음악을 ___듣냐고___ 했어요.

✪ 2 마이클 "날씨가 추워요?"

→ 마이클 씨가 날씨가 ___춥냐고___ 했어요.

✪ 3 리엔 "지하철 역이 집에서 멀어요?"

→ 리엔 씨가 ___지하철 역이 집에서 먼냐___ 했어요.

4 앤디 "김치가 맵지 않아요?"

→ 앤디 씨가 김치가 ___맵지 않아고___ 했어요.

5 미나 "그게 앤디 씨 사전이에요?"

→ 미나 씨가 그게 ___앤디 씨 사전이냐고___ 했어요.

다 간접화법으로 바꾸십시오.

시간이 있을 때 보통 뭐 해요?

영호

회사가 학교에서 가까워요?

현우

1 영호 씨가 시간 있을 때 보통 <u>뭐냐고</u> 했어요.

✪ **2** 현우 씨가 회사가 학교에서 <u>가깝냐고</u> 했어요.

라 알맞은 말을 쓰십시오.

A 뭐라고 했어요?

B 집에 <u>가냐고</u> 했어요.

	현재 (present tense)	과거 (past tense)	미래 (future tense)
	-냐고 했어요	-았 / 었냐고 했어요	-ㄹ 거냐고 / -을 거냐고 했어요
가다	가냐고	갔냐고	갈 거냐고
읽다	읽냐고 했어요	읽었냐고 했어요	읽을 거냐고 했어요
ㄷ 듣다			
ㄹ 살다			

마 '**-냐고 했어요**'를 써서 대화를 완성하십시오.

한스   리엔 씨는 부모님하고 자주 통화하는 것 같아요.

리엔   네. 1주일에 두 번쯤 통화해요. 어머니께서 편찮으세요.

한스   아, 그래요? 걱정되겠어요.

리엔   네. 어제 어머니께 전화할 때 _____고 했어요.

한스   어머니께서 뭐라고 하셨어요?

리엔   많이 나았다고 하셨어요. 어머니는 저한테 항상 걱정하지 말라고 하세요.

8과 단어

말하기

 SB p 147~149

_____ 에 알맞은 말을 찾아서 넣으십시오.

1 A 어디로 사무실을 _____ 겁니까?

B 여의도로 이사하려고 합니다.

2 A 회사에 들어가기 전에 _____ 을 하셨습니까?

B 네, 했습니다.

3 A 언제부터 우리 회사에서 일할 수 있으십니까?

B _____ 일을 시작할 수 있습니다.

4 A 어느 부서에서 일하고 싶으십니까?

B _____ 괜찮습니다.

5 A 무슨 일을 하고 싶으십니까?

B _____ 열심히 하겠습니다.

> 옮기다
>
> 면접
>
> 퇴근하다
>
> 뭐든지
>
> 언제든지
>
> 어디든지

읽고 말하기

 SB p 152

맞는 말을 고르십시오.

1 그분은 화가 날 때마다 화를 냅니다 | 납니다 . 그래서 사람들이 싫어합니다.

2 머리를 노란색으로 감았습니다 | 염색했습니다 .

3 어제 축구할 때 바지가 찢어졌습니다 | 빠졌습니다 . 그래서 오늘 그 바지를 입을 수 없습니다.

4 저는 대학교 때 재미있게 지냈습니다. 그래서 좋은 가위 | 추억 이/가 많습니다.

5 저는 히로미 씨를 정말 사랑합니다 | 싫어합니다 . 히로미 씨하고 결혼하고 싶습니다.

 듣고 말하기

 SB p 181

알맞은 단어를 찾아서 _____ 에 넣으십시오.

1 A _____ 을/를 할 줄 아십니까?

  B 영어, 일본어, 중국어를 할 줄 압니다.

2 앤디 씨는 _____ 이/가 좋아서 친구들이 앤디 씨를 좋아합니다.

3 지훈 씨가 부지런하고 친절합니다. 하지만 약속을 한 다음에 잘 잊어버립니다.

  이것이 지훈 씨의 _____ 입니다.

4 미나 씨는 똑똑하고 재미있고 착합니다. _____ 이/가 많은 사람입니다.

5 저는 아픈 사람을 도와주고 싶습니다. 그래서 나중에 의사가 _____ 려고

  합니다.

> 장점
>
> 성격
>
> 단점
>
> 되다
>
> 몇 개 국어

8과 발음

가 듣고 따라하십시오. (두 번) CD 16

1
2
3

나 듣고 쓰십시오. (세 번) CD 17

1 _____

2 _____

종합 문제

리엔 씨가 회사 면접 시험을 보러 왔습니다.

면접관 리엔 씨, 짧게 **1** _____ ㅈ ㄱ ㅅ ㄱ _____ 를 해 보십시오.

리엔 네. 제 고향은 중국 베이징입니다. 베이징 대학교에서 영어를 전공했습니다.

저는 성격이 밝습니다. 그리고 한국 드라마를 좋아해서 한국어를 배우기 시작했습니다.

면접관 네. 리엔 씨, 지금 어디에서 **2** _____ ㅅ ㅅ ㄴ ㄲ _____ ?

리엔 신촌에서 삽니다.

면접관 그럼, 우리 회사에서 아주 멉니다.

리엔 멀어도 지하철이 있으니까 다닐 수 있습니다.

면접관 언제부터 회사에서 근무할 수 있습니까?

리엔 **3** _____ ㅇ ㅈ ㄷ ㅈ _____ 괜찮습니다.

면접관 좋습니다. 면접을 끝내겠습니다. 내일 연락하겠습니다.

리엔 네. 감사합니다.

가 알맞은 말을 쓰십시오.

1 _____자기소개_____   **2** _____

3 _____

나 대답하십시오.

1 리엔 씨는 왜 한국어를 공부했습니까?

_____ .

2 면접관이 어떤 질문을 했습니까?

_____ .

써 보세요.

동 사				
문법	ㄷ	ㄹ	르	ㅅ
	듣다	만들다	부르다	낫다
-는 것 같아요				
-은 것 같아요				
-을 것 같아요				
-는데				
-았/었는데				
-아/어도				
-은 적이 있어요				
-아/어 본 적이 있어요				X
-는지				
-았/었는지				

형 용 사				
문법	으	ㄹ	르	ㅂ
	바쁘다	멀다	빠르다	어렵다
-은 것 같아요				
-을 것 같아요				
-은데				
-았/었는데				
-아/어져요				
-아/어도				
-은지				
-았/었는지				

9과

처음 한국에 왔을 때 어떠셨어요?

가   줄을 그으십시오.

1 대학교에 다녔을 때   •

2 그 회사에서 일했을 때 •

3 유럽 여행을 했을 때   •

• ㉠ 기차를 잘못 탄 적이 있어요.

• ㉡ 공부를 많이 했어요.

• ㉢ 일도 재미있고 동료들도 좋았어요.

나   한 문장으로 쓰십시오.

1 뉴욕에서 살았어요. 그때 공연을 많이 봤어요.

→ 뉴욕에서 ___*살았을 때*___ 공연을 많이 봤어요.

2 대학원에서 공부했어요. 그때 정말 힘들었어요.

→ 대학원에서 _____ 정말 힘들었어요.

3 자동차 회사에 다녔어요. 그때 한스 씨하고 같은 부서에서 일했어요.

→ 자동차 회사에 _____ 한스 씨하고 같은 부서에서 일했어요.

> -았을 때
>
> -었을 때

> new
> 뉴욕 New York
> 부서 a department

다   대답을 쓰십시오. **'-았/었을 때'** 를 이용하십시오.

1 A 한국에서 언제 제일 힘들었어요?

   B   *작년에 많이 아팠을 때 제일 힘들었어요* .
      작년에 많이 아프다

2 A 한국에서 언제 제일 재미있었어요?

   B _____ .
      친구들하고 제주도를 여행하다

3 A 한국에서 언제 제일 심심했어요?

   B _____ .
      방학 때 혼자 있다

라 한 문장으로 만드십시오.

학교   길   집

1 집에 갔어요. 그때 집에 아무도 없었어요.

→ 집에 ____갔을 때____ 집에 아무도 없었어요.

2 집에 들어갔어요. 그때 친구가 있었어요.

→ 집에 _____ 친구가 있었어요.

3 일요일 아침에 집에 들어갔어요. 그때 7시였어요.

→ 일요일 아침에 집에 _____ 7시였어요.

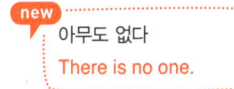

> new
> 아무도 없다
> There is no one.

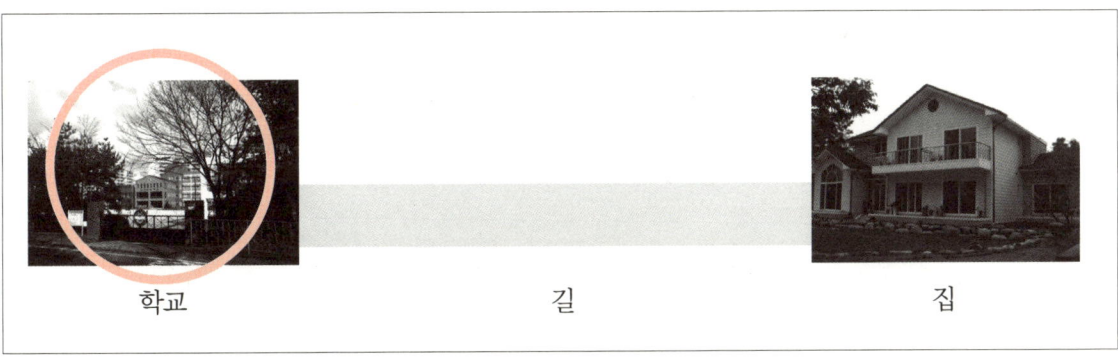

학교   길   집

4 학교에 왔어요. 그때 학교에 이리나 씨가 있었어요.

→ 학교에 _____ 이리나 씨가 있었어요.

5 교실에 들어왔어요. 그때 교실에 선생님이 계셨어요.

→ 교실에 _____ 선생님이 계셨어요.

6 학교에 왔어요. 그때 9시 5분이었어요.

→ 학교에 _____ 9시 5분이었어요.

마 질문을 만드십시오.

1 A <u>어제 집에 갔을 때 몇 시였어요</u> ?
　　어제 집에 가다

　B 밤 10시였어요.

2 A _____ ?
　　어제 극장에 가다

　B 아니요, 사람이 많지 않았어요.

3 A 아침에 _____ ?
　　　　교실에 들어오다

　B 학생들이 아홉 명 있었어요.

바 한 문장으로 만드십시오.

> -을 때
>
> -았/었을 때

1

<u>어제 집에 갔을 때 아무도 없었어요</u>.
어제 집에 가다 / 아무도 없다

2

_____.
어제 집에 가다 / 길에서 친구를 만나다

3

_____.
아침에 학교에 오다 / 학교에 한스 씨가 있다

사 맞는 것을 고르십시오.

1 오늘 아침에 학교에 　올 때 ✓ | 왔을 때　 길에서 친구를 만났어요.

2 은행에 　갈 때 | 갔을 때　 은행에 사람이 너무 많았어요.

3 어제 집에 　갈 때 | 갔을 때　 서점에 잠깐 들렀어요.

4 한국에 　올 때 | 왔을 때　 비행기에서 재미있는 영화를 못 봤어요.

아 알맞은 말을 쓰십시오.

	-았을 때 / -었을 때
오다	
다니다	
여행하다	
좋다	
㉤ 아프다	
㉢ 듣다	
㉥ 춥다	
㉣ 모르다	

자 **'-았/었을 때'**를 써서 대화를 완성해 보십시오.

미나 앤디 씨, 언제 처음 한국에 왔어요?

앤디 여섯 달 전에 왔어요.

미나 처음 한국에 _____ 어디에서 지냈어요?

앤디 하숙집에서요.

미나 하숙집을 어떻게 구했어요?

앤디 미국에 있을 때 한국 친구가 소개해 줬어요.

문법 | -게 되다 ①

SB p 162   별책 p 23

가 **알맞은 말을 고르십시오.**

처음 한국에 왔을 때에는

1 한국어를 잘 못해서 힘들었어요. 하지만 지금은 _____.

2 처음 한국에 왔을 때에는 문화가 달라서 힘들었어요. 하지만 지금은 _____.

> ㉠ 잘 할 수 있게 됐어요.
>
> ㉡ 이해하게 됐어요.

나 **말을 바꿔 쓰십시오.**

1 처음에는 그 사람을 이해할 수 없었는데 지금은 <u>이해하게 됐어요</u>.
　　　　　　　　　　　　　　　　　　　　　　　　이해하다

> -게 됐어요

2 옛날에는 아침 일찍 못 일어났는데 지금은 _____.
　　　　　　　　　　　　　　　　　　　　　　일찍 일어나다

3 어렸을 때는 매운 음식을 못 먹었는데 지금은 _____.
　　　　　　　　　　　　　　　　　　　　　　　잘 먹다

다 **대답을 쓰십시오.**

1 **A** 한국에 처음 왔을 때에는 김치를 못 먹었어요.

　　B 지금도 김치를 못 드세요?

　　A 아니요, 이제 <u>잘 먹게 됐어요</u>.
　　　　　　　　　　잘 먹다

2 **A** 한국에 처음 왔을 때에는 듣기가 어려웠어요.

　　B 지금도 어려우세요?

　　A 아니요, 이제 _____.
　　　　　　　　　　잘 알아듣다

라 알맞은 말을 쓰십시오.

	- 게 됐어요
하다	하거 됐어요
먹다	
알아듣다	

마 알맞은 말을 쓰십시오.

1 아까는 기분이 안 좋았는데 지금은 기분이 <u>좋아졌어요</u> .
　　　　　　　　　　　　　　　　　　　　　좋다

2 옛날에는 요리를 못했는데 지금은 ＿＿＿＿＿＿＿ .
　　　　　　　　　　　　　　　　잘 하다

3 지난달에는 날씨가 더웠는데 이번 달에는 ＿＿＿＿＿＿＿ .
　　　　　　　　　　　　　　　　　　시원하다

> -아/어졌어요
>
> -게 됐어요

When adjectives are used to express change, '- 아/어 지다' is usually used.

바 '-게 되다'를 써서 대화를 완성해 보십시오.

> 미나 　렌핑 씨, 요즘 한국어 공부 어때요?
>
> 렌핑 　매일 매일 열심히 하고 있어요.
>
> 미나 　그래요? 렌핑 씨 발음이 아주 좋아졌어요.
>
> 렌핑 　정말이요? 감사합니다.
>
> 미나 　'ㄹ' 발음이 정말 좋아졌어요. 어떻게 발음을 ＿＿＿＿＿＿＿?
>
> 렌핑 　매일 텔레비전을 보고 똑같이 따라했어요.

new 따라하다 to follow, repeat

가 **알맞은 말을 고르십시오.**

올해에는 !!!

ㄱ 여행을 많이 하기로 했어요.

ㄴ 운동을 열심히 하기로 했어요.

ㄷ 중국어를 배우기로 했어요.

1

"건강이 안 좋아졌어요. 올해에는 _____ ㄴ _____."

2

"중국 출장을 자주 갈 거예요. 그래서 _____."

3

"오랫 동안 여행을 못 했어요. 올해에는 _____."

나 알맞은 말을 쓰십시오.

> -기로 했어요

1 한국 음식을 잘 만들고 싶어요. 그래서 요리 학원에 ___다니기로 했어요___ .
　　　　　　　　　　　　　　　　　　　　　　　　　다니다

2 저는 야채를 별로 안 좋아해요. 그래도 건강을 위해서 야채를 많이 _____ .
　　　　　　　　　　　　　　　　　　　　　　　　　먹다

3 한국어 듣기가 정말 어려워요. 그래서 매일 한 시간씩 한국어 CD를 _____ .
　　　　　　　　　　　　　　　　　　　　　　　　　듣다

4 밤에 일찍 자고 아침에 일찍 _____ .
　　　　　　　　　　　　　　일어나다

> new
> -을/를 위해서 for
> (something, someone)...

다 알맞은 말을 쓰십시오.

1 내일 시험이 있어요. 그래서 오늘은 친구를 ___만나지 않기로 했어요___ .
　　　　　　　　　　　　　　　　　　　　　만나다 X

2 저녁에 커피를 마시면 잠이 안 와요. 그래서 저녁에는 커피를 _____ .
　　　　　　　　　　　　　　　　　　　　　　　　마시다 X

3 밤에 음식을 먹으면 건강에 안 좋다고 해요. 그래서 밤에 _____ .
　　　　　　　　　　　　　　　　　　　　　　　먹다 X

라 알맞은 말을 쓰십시오.

	- 기로 했어요
가다	가기로 했어요
먹다	
쓰다	
듣다	

마 대답을 쓰십시오.

1 **A** 시험 끝나면 뭐 할 거예요?

  B _____친구들하고 놀기로 했어요_____ .
      친구들하고 놀다

2 **A** 방학 때 뭐 할 거예요?

  B _____ .
      전라도를 여행하다

3 **A** 졸업한 다음에 뭐 할 거예요?

  B _____ .
      취직하다

4 **A** 한국어 공부가 끝나면 뭐 할 거예요?

  B _____ .
      대학교에 다니다

5 **A** 고향에 돌아가서 뭐 할 거예요?

  B _____ .
      통역 일을 하다

바 **'-기로 했어요'** 를 써서 대화를 완성해 보십시오.

  소라   제니 씨, 다음 주부터 방학이지요? 방학 때 뭐 할 거예요?

  제니   한국 요리를 _____ .

  소라   그래요? 왜 갑자기 요리를 배워요?

  제니   한국 요리가 맛있어서요.

       호주에 돌아가면 친구들한테 한국 요리를 만들어 주고 싶어요.

단어

말하기　📖 p 164~166

맞는 말을 고르십시오.

1 제 동생은 미국에 공부하러 　유학 ｜ 출장　 을 갔어요.

2 그 컴퓨터 회사에 들어가고 싶어요. 하지만 못 들어갈 것 같아요. 정말 　자기 ｜ 자신　 이/가 없어요.

3 저는 그 무역 회사에서 3년 동안 　근무 ｜ 고민　 한 적이 있어요. 그 회사에서 다시 일하고 싶어요.

4 저는 나중에 한국어를 일본어로 　통역 ｜ 통화　 하는 일을 하고 싶어요.

5 졸업한 다음에 돈을 벌어야 해요. 그래서 　취직 ｜ 축하　 하려고 해요.

읽고 말하기　📖 p 169~170

맞는 말을 고르십시오.

1 아무리 공부해도 단어가 　추억 ｜ 기억　 이 나지 않아요.

2 오늘 시험을 못 봤어요. 그래서 　마음 ｜ 몸　 이 무거워요.

3 대학교 졸업 시험에 　등록한 ｜ 떨어진　 적이 있어요. 그때 1년을 다시 공부해야 했어요.

4 제 지갑이 　없어졌어요 ｜ 찢어졌어요　. 누가 가지고 갔는지 모르겠어요.

듣고 말하기　📖 p 181

＿＿＿＿＿＿ 에 알맞은 말을 찾아서 넣으십시오.

1 미나 씨를 만나면 제 ＿＿＿＿＿＿ 좀 전해 주세요.

2 데니 씨가 회사를 그만뒀어요. 데니 씨를 볼 수 없어서 ＿＿＿＿＿＿.

❸ 3 출발 시간이 1시지요? 30분 ＿＿＿＿＿＿ 니까 차 한잔합시다.

4 처음 한국에 왔을 때에는 한국어를 못했는데 ＿＿＿＿＿＿ 잘 하게 됐어요.

5 A 졸업식이 2시에 시작하니까 빨리 갑시다.

　 B 그래요. ＿＿＿＿＿＿! 앤디 씨가 같이 가자고 했어요.

　 앤디 씨한테 전화해야 해요.

남다
섭섭하다
이제
안부
배웅
참

9과 발음

가 듣고 따라하십시오. (두 번)  CD 18

1
2
3

나 듣고 쓰십시오. (세 번) CD 19

1 _____

2 _____

종합 문제

앤디 씨가 오랜만에 현우 씨를 만났습니다.
현우 씨는 앤디 씨 한국어 공부를 도와주는 친구입니다.

현우   오랜만이에요. 잘 지냈어요?

앤디   네, 잘 지냈어요. 오늘 이번 학기 수업이 끝났어요.

현우   벌써요?

앤디   네, 시간이 정말 빨리 가는 것 같아요.

        학교에서 현우 씨를 처음 1 _____ ㅁ ㄴ ㅇ ㄸ 가 생각나요.

현우   저도요. 처음 한국에 2 _____ ㅇ ㅇ ㄸ 힘드셨지요?

앤디   네, 처음에는 말도 음식도 공부도 다 힘들었어요.

현우   지금은 어때요?

앤디   이제는 말을 잘 할 수 3 _____ ㅇ ㄱ ㄷ ㅇ ㅇ .

현우   이제 방학하면 뭐 할 거예요?

앤디   한 달쯤 한국 여행을 하려고 해요. 현우 씨는요?

현우   저는 이번 방학 때 외국어 시험 준비를 4 _____ ㅎ ㄱ ㄹ ㅎ ㅇ ㅇ .

가   **알맞은 말을 쓰십시오.**

1 ___만났을 때___   2 _____

3 _____   4 _____

나   **대답하십시오.**

1 앤디 씨가 한국 생활 중에서 뭐가 힘들었다고 했어요? (세 개)

_____.

2 현우 씨는 어떤 결심을 했어요?

_____.

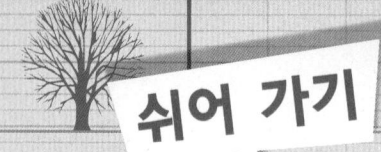

What are some of Korea's most beautiful islands?

1 울릉도

울릉 island is located just to the east of the Korean Peninsula. Recently designated as a special environmental zone, 울릉도 has long been a popular tourist destination. From the highest point on 울릉도, one can see the whole volcanic island. There is very little level ground on the mountainous terrain. It is possible to take a tourist boat around the island to see its many cliffs, caves and rocky islets.

2 홍도

홍 island is located off the west coast of the Korean Peninsula. Like 울릉도, it is mountainous, but unlike 울릉도, it has a very irregular coastline. February and March are particularly good months to visit 홍도, as it is famous for the camellia flowers that bloom at this time.

3 거제도

거제 island is located to the south of the Korean Peninsula. 거제도 is Korea's second largest island, after 제주도. Both the 해금 river and the 한려 Marine Park have wonderful scenery, and there are good swimming spots all over the island. 거제 island is easily reached by car via the 거제 and 신거제 bridges.

* Which of these islands would you most like to visit? Why?

한국에 섬이 아주 많아요. 그 중에서 어느 섬이 아름다워요?

1 울릉도

울릉도는 한국의 동쪽에 있는 섬으로 그 특별한 자연 환경 때문에 여행자들에게 인기가 많습니다. 울릉도의 가장 높은 곳에 올라가면 섬 전체를 볼 수 있습니다. 산이 많고 평지는 거의 없으며 절벽과 동굴들이 있습니다. 또한 배를 타면 울릉도 주위에 있는 작은 섬들을 구경할 수 있습니다.

2 홍도

홍도는 한국의 서쪽에 있는 섬으로 "해가 질 때 생기는 붉은 색"이라는 뜻에서 홍도라고 불립니다. 울릉도처럼 산이 많지만 울릉도와는 다르게 해안선이 매우 불규칙합니다. 홍도는 2월과 3월에 동백꽃이 필 때가 가장 아름답습니다.

3 거제도

거제도는 한국의 남쪽에 있는 섬으로 제주도 다음으로 큰 섬입니다. 주위에 해금강과 한려 해상공원이 있어 아름다운 경치를 자랑하며, 섬 주변은 수영하기가 좋습니다. 동백꽃 축제와 해변 축제 등 축제를 하는 기간에 방문해 보세요. 거제대교와 신거제대교가 생겨서 본토에서 직접 차로 갈 수도 있습니다.

* 위에서 소개한 섬들 중에 어느 섬에 제일 가 보고 싶어요?

서강한국어 뉴시리즈
WORKBOOK 2B

저작권

출판사

초판 발행	2008년 12월 19일
1판 11쇄	2018년 12월 7일
펴낸곳	서강대학교 국제문화교육원 출판부
펴낸이	박종구
등록번호	313-2006-00028
출판사 주소	서울시 마포구 백범로 35 (신수동)
Tel	(82-2) 705-8088~9
Fax	(82-2) 701-6692, 713-8963
e-mail	ckss@sogang.ac.kr

homepage   http://klec.sogang.ac.kr   http://koreanimmersion.org

서강한국어 교사 사이트

http://koreanteachers.org

세트

ISBN	978-89-92491-32-7 18710	서강한국어 뉴시리즈 학생책 2B
	978-89-92491-33-4 18710	서강한국어 뉴시리즈 학생책 2B 영어 문법·단어 참고서 (비매품)
	978-89-92491-53-2 18710	서강한국어 뉴시리즈 학생책 2B 일본어 문법·단어 참고서
	978-89-92491-55-6 18710	서강한국어 뉴시리즈 학생책 2B 중국어 문법·단어 참고서
	979-11-6163-009-0 13710	서강한국어 뉴시리즈 학생책 2B 베트남어 문법·단어 참고서
	978-89-92491-34-1 18710	서강한국어 뉴시리즈 학생책 2B CD (비매품)
ISBN	978-89-92491-36-5 18710	서강한국어 뉴시리즈 워크북 2B
	978-89-92491-37-2 18710	서강한국어 뉴시리즈 워크북 2B CD (비매품)

판매·유통

판매·유통	(주)도서출판 하우		
등록번호	제475호		
주소	서울시 중랑구 망우로68길 48		
Tel	(82-2) 922-7090, 922-9728	Fax	(82-2) 922-7092
homepage	http://hawoo.co.kr	e-mail	hawoo@hawoo.co.kr

시리즈 기획

김성희

연구개발진

서강한국어 2B (2002 초판)

최정순	배재대학교 외국어로서의 한국어학 교수	서강대학교 국어학 박사
김성희	서강대학교 한국어교육원 전 교학부장	서강대학교 불어학 박사수료
김은정	서강대학교 한국어교육원 연구원	서강대학교 영문학 석사
오승은	서강대학교 한국어교육원 연구원	서강대학교 국어학 박사수료

서강한국어 뉴시리즈 2B (2008 초판)

김성희	서강대학교 한국어교육원 전 교학부장	서강대학교 불어학 박사수료
이정화	서강대학교 한국어교육원 연구원	이화여자대학교 한국어교육학 석사
정예란	서강대학교 한국어교육원 연구원	연세대학교 한국어교육학 석사

영문 번역

주유경	영국 SOAS 연구원	영국 SOAS 한국어학 박사
Duane Henning	연세대학교 교양영어 전임강사	호주 Macquarie University 응용언어학 석사

영문 감수

허구생	서강대학교 국제문화교육원 전 원장	미국 University of Minnesota 역사학 박사
Yoo Isaiah WonHo	서강대학교 영미어문학 교수	미국 UCLA 응용언어학 박사

제작진

편집 디자인	디자인탱크
일러스트	김소연(디렉터), 장선미, 주미희
표지디자인	디자인씨드
CD 녹음 편집	Playback

도와주신 분

사진 모델	서강대학교 한국어교육원 교수진, 가족, 친구, 학생, 조교
CD 음악	봄 여름 가을 겨울
행정	서강대학교 기획처 예산팀, 사무처 구매팀, 국제문화교육원 행정실 총무팀

CD 트랙 목차

번호	단원	내용	페이지
1		저작권	
2	1과	발음	15
3		받아쓰기	15
4	2과	발음	28
5		받아쓰기	28
6	3과	발음	49
7		받아쓰기	49
8	4과	발음	64
9		받아쓰기	64
10	5과	발음	78
11		받아쓰기	78
12	6과	발음	91
13		받아쓰기	91
14	7과	발음	106
15		받아쓰기	106
16	8과	발음	124
17		받아쓰기	124
18	9과	발음	138
19		받아쓰기	138